Das Buch

Das Leben ist keine Waldorfschule. Punkt. Mehr gibt es dazu nicht zu sagen. Egal, ob zwei linke Füße, Vorhautverengungen, Warzenepidemien, traumatisierende Schulbusrückbänke, außer Kontrolle geratene One-Night-Stands: Das Leben sorgt dafür, dass einem nicht langweilig wird und man stattdessen wie Super Mario ständig über Hindernisse zu springen hat. Mischa-Sarim Vérollet protokolliert in seinen witzigen, von Flix kongenial illustrierten Kurzgeschichten auf äußerst unterhaltsame Art und Weise genau diese Hindernisse des Alltags samt des Versuchs, den Verstand zwischen Kindheit und Adoleszenz nicht vollends zu verlieren.

Der Autor

Mischa-Sarim Vérollet, geboren 1981 auf Gibraltar, ist anglodeutscher Schriftsteller und Humorist mit Wurzeln im Poetry Slam. *Das Leben ist keine Waldorfschule* wurde von *Schotts Sammelsurium* und *Buchmarkt* als Kuriosester Buchtitel 2009 ausgezeichnet; das YouTube-Video seines in diesem Buch enthaltenen Textes *Wie mich die Musikkapelle Slayer zum Mann machte* sahen bereits über 130 000 Menschen.

»Is schon gut, der Mischa.« *Horst Evers*

Mischa-Sarim Vérollet

Das Leben ist keine Waldorfschule

Mit Illustrationen von FLIX

Ullstein

Besuchen Sie uns im Internet:
www.ullstein-taschenbuch.de

Dieses Taschenbuch wurde auf FSC-zertifiziertem Papier gedruckt.
FSC (Forest Stewardship Council) ist eine nichtstaatliche, gemeinnützige
Organisation, die sich für eine ökologische und sozialverantwortliche
Nutzung der Wälder unserer Erde einsetzt.

Lizenzausgabe im Ullstein Taschenbuch
1. Auflage September 2010
© by Carlsen Verlag GmbH, Hamburg 2009
© »Manowar. Für Wehwalt. Und Sushi.«, »Die WeightWatchers-Tüte und ich,
wir werden keine Freunde mehr« by Ullstein Buchverlage GmbH, Berlin 2010
Umschlaggestaltung: HildenDesign, München
Titelabbildung: © Mike Kemp / Getty Images
Satz: LVD GmbH, Berlin
Gesetzt aus der Dante MT und HelveticaRounded
Papier: Pamo Super von Arctic Paper Mochenwangen GmbH
Druck und Bindearbeiten: CPI – Ebner & Spiegel, Ulm
Printed in Germany
ISBN 978-3-548-28162-9

Vorhautverengung

1989, ich war acht Jahre alt, passierte so einiges: Berlin verlor seine Mauer, ich meine Vorhaut. Das eine hatte politische Gründe, das andere andere. Das eine ließ ein zweigeteiltes Volk frohlocken, das andere traumatisierte einen ungeteilten kleinen Jungen. Und das ging so: Bei einer Routineuntersuchung konstatierte mein Kinderarzt bei mir eine Vorhautverengung. Nichts Gravierendes, erzählte der Arzt, so eine Vorhautverengung sei absolut nichts Besorgniserregendes, eher etwas absolut Gängiges unter Jungs. Dennoch müsse man sie behandeln, wolle man Probleme in der Pubertät vermeiden. Laut meinem Kinderarzt gab es nur zwei Möglichkeiten. Möglichkeit eins: die klassische Beschneidung. Dabei werde die Vorhaut am niedrigsten Punkt der Eichel einmal rundum abgeschnitten, der Rest wieder funktionstüchtig angenäht. Bekannte Risiken: Kastration, Unfruchtbarkeit, Verlust der sexuellen Empfindung. Ersteres war wohl auszuschließen, der Arzt schien eine ruhige Hand zu haben, Letzteres lange vor der Pubertät noch kein Thema und damit zu vernachlässigen, und Mittiges unter gewissen Gesichtspunkten sogar als Vorteil auslegbar. Aber es gab ja noch Möglichkeit zwei: Meinem Kinderarzt zufolge könne man auch durchaus versuchen, durch regelmäßiges Vor- und Zurückschieben der Vorhaut ebenjene zu dehnen und zu lockern, sodass die Verengung sich irgendwann in Wohlgefallen auflösen würde. Bekannte Risiken: Eine ganze Menge! Zumindest aus Sicht meiner Eltern, denn in ihren Augen war es ein nur allzu kleiner Schritt vom Vor- und Zurückschieben bis zur freudetrunkenen Masturbation. Dann schon lieber der auf Knien gerobbte Jakobsweg des Lendenschmerzes. So entschieden sie sich über meinen Kopf hinweg für Möglichkeit eins: Beschneidung. Ich protestierte so energisch wie vergeblich. Mit Schauermärchen versuchte man, mir die Beschneidung schmackhaft zu machen: Meine Vorhaut könne sonst wegen mangelnder Hygiene zu einer Biosphäre für Kleinstlebewesen mutieren, nein, noch schlimmer, mein Penis könne in der Pubertät platzen, nein, noch schlimmer … aber das reichte schon. Ich ließ mich überzeugen. Man kann mich naiv nennen, aber ich war ja auch erst acht Jahre alt.

Und so lag ich an einem sonnigen Tag auf dem OP-Tisch, bekam eine Gasmaske aufgesetzt, sollte bis zehn zählen und schaffte es bis zwei. Als ich einige Stunden später aus der Narkose erwachte, hatte sich mein Leben für immer verändert. Ich war dezimiert. Ich war weniger. Ich war der Beschnittene, der um seine Vorhaut Gebrachte, vor allem der vor Schmerzen Verreckende. Hatten die Frauenrechtlerinnen je einen männlichen Bündnispartner im Kampf gegen die weibliche Genitalverstümmelung gesucht, sie hatten mich in diesem Augenblick des grausamen Erwachens gefunden – nie hatte ich Gleichberechtigung körperlich stärker gespürt. Minutenlang lag ich nach dem Aufwachen bewegungslos da. Es war die gefühlte schiefgegangene Geschlechtsumwandlung, Beethovens Neunte in Schmerzform, genau so mussten sich Elefanten nach dem Entfernen ihrer Stoßzähne fühlen, ich war mir sicher, meine Vorhaut zierte genau in diesem Augenblick das Büro des Arztes und hing als Trophäe direkt neben dem Hirschgeweih.

Später wusch man mich und wechselte den Verband. So erhaschte ich einen kurzen Blick auf mein genitales Ground Zero. Ich erschrak. Es mutete wie das an, was Journalisten bei Verkehrsunfällen gern mit den Worten umschreiben »den Rettungskräften bot sich bei der Ankunft ein Bild des Grauens«. Ich zwinkerte zweimal. DAS war definitiv nicht mein Pillermann. Es sah mehr nach hautfarbenem Eierbecher samt rot bemaltem Osterei aus. Ich wurde ohnmächtig. Am nächsten Tag entließ man mich.

Mit meinen Eltern fuhr ich nach Hause, eine Mütze Schlaf, dann würde ich den Verband abnehmen dürfen. Es konnte nicht schlimmer kommen. Dachte ich.

Als ich am nächsten Tag unter nachlassenden Schmerzen aufwachte, ahnte ich noch nichts Böses. Stattdessen frönte ich beim Frühstück der Vorfreude auf das Entpacken meines besten Stücks. Weihnachten war vorverlegt worden, ich konnte geradezu das Rascheln des Geschenkpapiers hören. Ich schloss die Augen – und erlebte eine böse Überraschung: In der Nacht war das restliche Blut getrocknet und mit ihm der Verband. Fest. An meinem Glied. Das Schreien, das ich ausstieß, als mein Vater vorsichtig am Verband zupfte, schreckte beinahe das Jugendamt auf. Mir liefen die Tränen wie Niagara-Fälle die Wangen hinunter; ich durchlebte den personifizierten Alptraum im Director's Cut mit sämtlichen Extras der Bonus-DVD. Für immer, so viel war klar, würde ich mit Mullbinde im Schritt mein Leben leben müssen, ich war ein Freak, grausamst entstellt, der Elefantenschrittmensch. Es konnte nicht schlimmer kommen. Es kam auch nicht schlimmer. Es kam genau so, wie ich es mir ausgemalt hatte. Meine Eltern setzten mich in die Badewanne, die sie mit lauwarmem Wasser füllten. Der restliche Tag ging als mein größtes Martyrium in meine siebenundzwanzigjährige Geschichte ein. Denn die nächsten sechs Stunden verbrachte ich im Wasser der Badewanne, alle paar Minuten unter höllischsten Schmerzen einen weiteren Quadratmillimeter Verband von meinem besten Stück zupfend. Mühsam ernährt sich das Eichhörnchen, schmerzhaft befreite ich Stück für Stück mein primäres Geschlechtsmerkmal, bis es irgendwann vollbracht war und ich erlöst zusammensackte. Mit Tränen in den Augen begutachtete ich das befreite Bagdad, meine Mutter gab mir stolz einen Kuss auf die Stirn, mein Vater zog seufzend den Stöpsel aus der Wanne und der Kinderarzt gab eine Woche später erfreut bekannt, die Operation sei gut verlaufen, keine bleibenden Schäden, alles funktionstüchtig, meine Pubertät gerettet, ich technisch bereit für sämtliche Schandtaten, die noch kommen sollten. Ja, 1989, ich war acht Jahre alt, passierte so einiges: Deutschland wurde wiedervereinigt, ich blieb bis heute geteilt. Meine Vorhaut sah ich nie wieder.

Von siamesischen Zwillingseinhörnern

Ich hatte keine leichte Kindheit. Rein aussehenstechnisch, meine ich. Ich war nicht unbedingt hässlich, nein, es war schlimmer, ich sah sonderbar aus. Ich hatte Zähne, die in alle Himmelsrichtungen wiesen, statt Sommersprossen bevölkerten 27 Muttermale meinen Kopf, ich war so dünn und hager, dass meine Klassenlehrerin mir ab und an sorgenvoll ein Butterbrot zusteckte, und über die rechte Hälfte meines ohnehin blassen Gesichts zog sich eine gut sichtbare dunkle Vene, die mir die Spitznamen *Der Terminator* und *Der bionische Mischa* bescherte.

Zu allem Überfluss wuchsen mir in der Grundschule von heute auf morgen zwei ansehnliche Warzen. Gleichmäßig verteilt. Auf beide Nasenflügel. Eine links, eine rechts. Mutter Natur, in Bezug auf meinen Körper bis zu diesem Zeitpunkt nicht im Entferntesten dem Symmetriegedanken verpflichtet, hatte diesmal ganze Arbeit geleistet. Ich maß nach. Mit dem Geodreieck. Scheißsymmetrisch auf den Scheißmillimeter genau. Nein, es gab nichts zu deuteln: An beiden Nasenflügeln prangte jeweils eine Warze. Als sie sich nicht mehr wegdiskutieren ließen, als ich gewahr wurde, dass das nicht einfach nur besonders fest angetrocknete Popel waren, als ich endlich begriff, dass sie keiner Wahnvorstellung entsprangen und andere Menschen sie auch sahen, als ich an jenem verhängnisvollen Morgen in den Spiegel blickte und sechs statt zwei Augen zurückschauten, ging eine Ära zu Ende, in jenem Augenblick verlor ich endgültig meine kindliche Unbekümmertheit und lernte das Leben in seiner Lieblingsrolle als riesengroßes Arschloch kennen.

Und ich wusste: Diese beiden Warzen bedeuteten zudem das Ende aller Erfolgsaussichten meines Werbens um Sybille aus dem Conti-Bronx-Ghetto, auf die alle Jungs scharf waren und die lange blonde Haare trug, ständig lässig die Nase hochzog und von allen Mädels am öftesten wegen ungebührlichen Verhaltens in die Ecke musste, sprich: verdammt cool war. Ich erlebte also das Ende der Welt.

Terminator und der bionische Mischa waren tot, jetzt vermisste ich sie, denn ich war jetzt Numbo, der Nasen-Dumbo, ich war die Zwei-Flugzeuge-Staffel der Royal Nose Force, ich war das berühmte, aber bislang noch nie gesichtete Siamesische Zwillingseinhorn, ich war Warzenboy, Batmans Robin in Hetero und im Tschernobyl-

Remix. Ich rechnete zurück, ja, 1986, im Tschernobyl-Jahr, hatte ich viel draußen gespielt, das kam hin.

Nachts, wenn Vollmond war, träumte ich sogar davon, wie die Warzen von meiner Nase, nein, von mir als Ganzem Besitz ergriffen und ein Eigenleben entwickelten. Sie rissen Witze auf meine Kosten, freuten sich ihres verwünschten Lebens und badeten nachts in der Brise meiner Nüstern. Ich hatte das Gefühl, dass sie sogar Minderwertigkeitskomplexe entwickelten, weil sie ständig auf der Straße darauf angesprochen wurden, dass da etwas an ihnen hing – dabei zeigten die Leute auf mich und ekelten sich.

Mein Plan, mir sämtliche Comics aus der Stadtbücherei auszuleihen und mich so lange nicht mehr in der Schule blicken zu lassen, bis ich gewachsen und so groß geworden war, dass die Warzen nicht mehr weiter auffielen, wurde von meinen Eltern durchkreuzt, die viel von Bildung hielten und wenig vom Mobbing-Potential der Grundschulkindschaft wussten. Ich musste wohl oder übel zurück. Das Wort »Spießrutenlauf« entstand an diesem Tag.

Ziemlich schnell aber gewöhnten sich meine Klassenkameraden an meine beiden neuen Freunde, die Sprüche und Blicke wurden weniger, der Kontakt zu Sybille endete ganz. Aber vergessen wurden die beiden Warzen nicht, es muss bloß irgendein anderes Kind eine noch größere Arschkarte gezogen haben.

Damals war *Bloodsport* mit Jean-Claude Van Damme unser aller Lieblingsfilm, wir spielten ihn gerne nach und alle stritten sich um Van Dammes Rolle. Zumindest alle, die zur engeren Auswahl dafür zählten. Also nicht ich. Ich musste immer die uncoole Rolle von Forest Whitaker übernehmen. Der hatte zwar, anders als ich, ein Karl-Dall'sches Auge, aber mit meinen beiden Warzen war ich ja geradezu prädestiniert, einen Freak zu verkörpern.

Irgendwann hatten meine Eltern genug davon, dass ich den Sommer im Haus verbrachte, weil ich die krude Vorstellung hatte, Sonne sei dem Wachstum von Warzen förderlich. Sie eröffneten mir, dass man mir in Kürze die Warzen entfernen lassen werde. Was als gute Nachricht gedacht gewesen war, ließ mich in Panik erstarren – Entfernenlassen war genau das, was ich nicht wollte. Denn ein Jahr zuvor war meine Mutter an der Hand ebenfalls von einer Warzenplage heimgesucht worden – sie hatte 1986 viel Unkraut gejätet. Tropfen, Säure, nichts half. Eines Morgens um fünf klingelte es dann

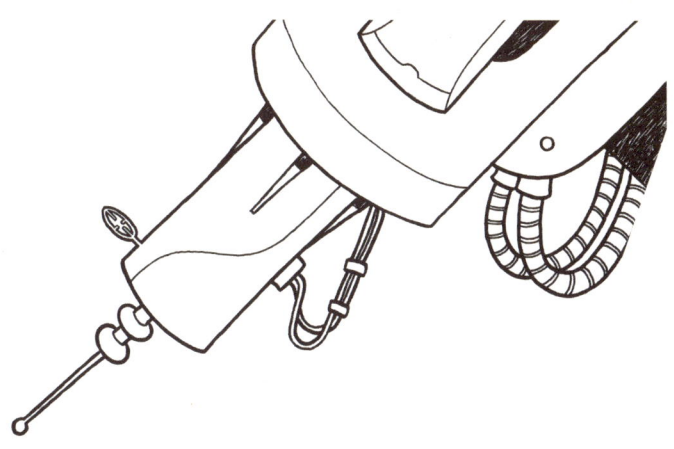

verhängnisvoll an der Haustür. Es war eine Freundin meiner Mutter, Zeitungszustellerin von Beruf. In der Hand ein Einweckglas, darin: zwei Kavenzmänner von Nacktschnecken, die der Legende nach Warzen wegmachten. Meine Mutter, noch im Halbschlaf, legte sich die Biester auf die Hand, und keine zwei Tage später waren die Warzen weg. Panisch erinnerte ich mich daran zurück! Nein, nie im Leben würde ich mir die Warzen entfernen lassen – die Vorstellung, Mutters Freundin könnte mir morgens um fünf eine Nacktschnecke unter die Nase reiben, war zu viel.

Meine Eltern beruhigten mich. Heutzutage werde so etwas doch mit Laser gemacht, und ich möge doch Laser. Ich nickte. Ich mochte *Star Wars*. Ich mochte Laser. Ich war überzeugt: Die Warzen sollten weg.

Ein paar Tage später saß ich im Behandlungszimmer des Arztes. Nein, sagte er, der Laser werde nicht weh tun, dafür würden die beiden Narkosespritzen in die Nasenflügel »ggfs.« ein wenig piksen. Für dies »ggfs.« und im Besonderen für den Euphemismus »piksen« hätte ich den Mann kurz darauf am liebsten umgebracht, gelyncht, geteert und gefedert, wenn auch nicht zwingend in der Reihenfolge. Aber ich war unfähig, irgendetwas zu tun, da zwei glühende Messer in meine Nase stießen, sie durchstießen und durchkreuzten und in meinem Kolben eine wilde Orgie feierten. Ich schrie mir die Seele aus dem Leib, bettelte um Gnade, ich hatte das Gefühl, der Arzt trieb die Spritze samt Behälter in meinen Zinken hinein. Und dann ließ der Schmerz nach, ich fühlte in meiner Nase nichts mehr und meine Mutter putzte mir den Rotz weg, der unkontrolliert und unhochgezogen über meine Lippe lief. Die Operation konnte beginnen.

Ich schloss die Augen. Ein James-Bond-Superschurken-Endgegner-Mega-Waffen-Geräusch brandete leise und unverbindlich auf, ich spürte ein entferntes Kitzeln an meinen Nasenflügeln, und der Geruch verbrannten Fleisches füllte das Behandlungszimmer.

Kurz darauf war der Spuk vorbei. Ich schaute in den Spiegel. Meine Nemesis, die Warzen, waren weg und wurden nie wieder gesehen. Der Todesstrahl hatte obsiegt. Dafür hatte ich jetzt eine panische Angst vor Spritzen, nein, es war mehr als Angst, ich hasste sie. Aber sehen wir es positiv: Jene Angst hat mich vermutlich bis heute vor der Heroinsucht bewahrt.

Die polnische Hochzeit

Wir trafen uns anno 1999 bei meinem Kumpel Theo im Kreis Gütersloh, um gemeinsam hinzufahren. Seine Cousine wollte an jenem Abend heiraten, ich war netterweise eingeladen worden, und so bereitete ich mich innerlich auf meine erste polnische Hochzeit vor. Während ich versuchte, einen halbwegs vernünftigen Knoten in meine Looney-Tunes-Krawatte zu binden, wurde ich gewahr, dass mein Erfahrungsschatz sich auf eine deutsche und eine englische Hochzeit beschränkte. Auf ersterer Feier hatte man sich bei Tanz und Gesang, Trinksprüchen und Reise nach Jerusalem zu Tode gelangweilt, auf letzterer zu Tode geängstigt, als die britische Militärpolizei kurz nach Mitternacht in die Feier platzte und mit Hilfe einer Knüppelorgie einen Haufen besoffener Soldaten verhaftete, die das mit dem Entführen der Braut falsch verstanden hatten. Dementsprechend verunsichert fragte ich Theo, wie denn so eine polnische Hochzeitsfeier ablaufe. Och, nicht viel anders als eine deutsche, erzählte er. Es würde viel getanzt und gesungen, Trinksprüche aufgesagt und Reise nach

Jerusalem gespielt. Und natürlich Wodka getrunken, viel Wodka und eigentlich nur Wodka. Wodka?, fragte ich misstrauisch, hatte ich doch vor einem knappen Jahr schlechte Erfahrungen in Zusammenhang mit dieser Spirituose und meiner besten Freundin Beate gemacht. Keine Sorge, sagte Theo, trinke man ausreichend Wasser dazu, gehe alles gut. Das sei schon das ganze Geheimnis.

Mit wie vielen Gästen denn zu rechnen sei, fragte ich. Ach, nur engste Familie, winkte Theo ab, so um die 250, viele Cousins und Cousinen aus Polen hätten gar nicht erst kommen können. Ich sollte mir aber keine Sorgen machen, alle seien total nett und gastfreundlich, ich würde mich sofort wie zu Hause fühlen. Ach ja, eine Sache falle ihm noch ein, es könnte Scherzbolde unter den Gästen geben, die einem Ausländer wie mir einen beliebten polnischen Zungenbrecher beizubringen versuchten. Er werde mir jetzt den Gefallen tun, mit mir zu üben, so könne ich die Kameraden beeindrucken. Der Satz laute: »In Szczebrzeszyn brummt ein Käfer im Schilf.« Kein Problem, sagte ich. Und dann wiederholte er den Satz auf Polnisch. Und ich sah das Problem. Was?, fragte ich. »F Schtscheb scheschünnje chschonschtsch bschmi f tschtchinje«, wiederholte er. Ich fragte, ob es schlimm wäre, wenn ich mich nach der kirchlichen Trauung verdünnisierte, meine Zunge sei nicht ausreichend versichert. Theo lachte, klopfte mir auf die Schulter, und wir machten uns auf den Weg zur Kirche.

Ich war damals, mit 17 Jahren, noch schüchterner als heute, und der Gedanke, eine ganze Nacht mit mir gänzlich unbekannten Leuten zu verbringen, hatte mir im Vorfeld Angst eingejagt. Zudem beschränkten sich meine Polnisch-Fähigkeiten auf Schimpfwörter wie »Spierdallaj Kurwo«, »Dupa« oder »Gupi Barran«, womit man zwar überall in Polen sowie auf dem Schulhof zurechtkam, nur nicht auf einer Hochzeit. Darum hatte ich vorher einen Kumpel, der einen Führerschein besaß, gebeten, mich doch so gegen 22 Uhr, kurz nach dem Essen, abzuholen, sprich: zu retten, aber meine Ortsangabe »irgendwo zwischen Harsewinkel und Ostbevern« war ihm zu vage gewesen. Ich würde also wohl oder übel bis zum bitteren Ende bleiben müssen. Mein Kumpel machte mir Mut, erinnerte mich an die heißen polnischen Mädchen und gab mir den Rat, zwischen den Wodkas immer ein Schlückchen Wasser zu trinken und vor allem reichlich und fettig zu speisen. Ja, ja, sagte ich und legte auf. Ich naives Kind, ich.

Die kirchliche Trauung war ziemlich emotional und bewegend, alle weinten oder taten so, aber mein Magen grummelte bereits während der Zeremonie bedenklich, und so freute ich mich insgeheim, als sich der Autokorso mit geschätzten 150 Fahrzeugen auf den Weg machte zur

Feier auf einem Bauernhof irgendwo in den unendlichen Weiten des Kreises Gütersloh.

In der Deele empfingen uns die Familien des Brautpaars mit Brot und Salz, einer weiteren Tradition, wie mir Theo zuflüsterte. Wir gesellten uns zu einer überschaubaren Gruppe Cousins und Cousinen, in der schon eine Flasche Wodka fröhlich kreiste. Mir schwante Übles. Sofort hatte ich ein Glas in der Hand, kein Pinchen, nein, ein bis zum Rand mit dem klaren Schluck gefülltes Wasserglas, und dann war es auch schon den Rachen runter, das Glas wieder aufgefüllt, es wurde auf die Braut angestoßen und weg war der nächste Schluck. Die Entwicklung des Abends gefiel mir gar nicht. Heimlich versuchte ich, einen Überblick über die Lage zu bekommen, ich erinnerte mich an die Worte meines Kumpels. Wo war hier das verfluchte Wasser? Aber nirgends war eine Flasche der lebensrettenden Flüssigkeit zu entdecken. Was sich bald als ernstzunehmendes Problem herausstellte, da mein Glas bereits zum dritten Mal bis zum Rand mit Wodka gefüllt und ich grundlagentechnisch gänzlich unvorbereitet war. Ich kam bereits ein wenig ins Schwitzen, ich zwinkerte mit den Augen, um dem Schielen beizukommen. In dem Augenblick wurde ich abgelenkt, das Brautpaar betrat die Deele und hoch die Tassen, alle Anwesenden brachen gleichzeitig in vielstimmigen Gesang aus, alles, was ich verstand, war: »Stolat, Stolat, njertschi njertschi nam«; ich sang spaßeshalber mit und fragt mich nicht wie, bald war mein Glas wieder leer, und, man konnte kaum gucken, erneut aufgefüllt. Hier war Hexerei am Werk, so viel war klar.

Ich blickte auf die Uhr. Halb neun erkannte ich mit zusammengekniffenen Augen auf dem Ziffernblatt, seit etwa einer Stunde waren wir hier. Und ich schon voll wie ein Eimer. Das konnte ja heiter werden. Ich dachte an Dante und sein Höllenmotto »Ihr, die ihr hier eintretet, lasset alle Hoffnung fahren«. Ich wusste genau, was er gemeint hatte. Kurz darauf wurde das Essen angekündigt, Theo begleitete mich zum Tisch und erinnerte mich daran, zwischen den Wodkas immer ein Schlückchen Wasser zu trinken. Ich wollte gerade etwas sagen, da entdeckte ich die Flaschen, sie waren offenbar erst zum Essen aufgetischt worden, na super, dachte ich, jetzt ist auch zu spät. Ich fand meinen Namen auf einer Tischkarte neben einem unfassbar fies aussehenden untersetzten älteren Herrn, den mir Theo als Onkel Marek vorstellte. Dieser lächelte offenherzig und trug eine Looney-Tunes-Krawatte. Ich mochte ihn auf Anhieb, obwohl er wie die Sorte Buchmacher aussah, bei dem man im Leben keine Wetten abschließt, legt man Wert auf eine vollständige Anzahl Finger, Zehen und Ohren. Und dann rollte man ein Spanferkel rein, wie ich es noch nicht größer und wunderbarer gesehen hatte. Das

Essen war ein Festmahl, allerdings ausschließlich im lukullischen Sinne. Denn es wurde geschmatzt, gelacht, getrunken und geredet, alle gleichzeitig und durcheinander, nur nicht mit mir, ich kam mir vor wie der einsamste Mensch der Welt und schenkte mir noch schnell Wodka nach.

Erstaunlich, wie lange und ausgiebig man sich mit einer öden Tischkarte beschäftigen und wie viel Interesse die Beschaffenheit von Papier in einem wecken kann, wenn man als einzige Person nicht in ein Gespräch eingebunden ist. Theo saß am anderen Tischende bei seiner Familie, ich offenbar beim normalen Pöbel. Nach dem Dessert löste sich die Sitzordnung auf, allerorten entstanden kleinere Gesprächsrunden, und um Onkel Marek, der augenscheinlich eine Art Pate dieser Familie war, bildete sich ein Rudel älterer Herren. Onkel Marek holte eine Flasche, die kein Etikett besaß, aus seiner Manteltasche. Ein zustimmendes Raunen entfuhr der Altherrenriege. Er schenkte allen ein, auch mir, dann stießen wir an, der Herrenchor stimmte erneut das »Stolat, Stolat«-Lied an, und nichts Böses ahnend, leerte ich das Glas in einem Zug.

Als ich eine unbestimmte Zeit später wieder zur Besinnung kam, spürte ich Hände, die mir auf den Rücken klopften und mich in meinem Stuhl aufrichteten. Dort, wo ich ehemals eine Kehle gehabt hatte, wähnte ich ein blutig ausgefranstes Loch; ich war mir sicher, dass mein Trommelfell in Fetzen aus beiden Ohren hing und mir sämtliche Haare ausgefallen waren. Was war denn das gewesen? Onkel Marek höchstselbst lieferte die Erklärung. »Mein Wodka«, sagte er stolz, »selbst gemacht, in meine Keller. Gutes, gutes Zeug.« Ich nickte und kippte schnell ein Glas des Tisch-Schnapses nach. Er schmeckte nach nichts, was aber nach diesem schwarzgebrannten Teufelszeug kein Wunder war. Die Episode hatte die alten Herren sehr erheitert, und der eine oder andere wollte jetzt wissen, wie ich denn heiße, woher ich käme, was ich von polnischem Fußball halte, kurz: Es wurde noch sehr gesellig.

Plötzlich griff Onkel Marek nach meinem Arm und sagte langsam sprechend, in gebrochenem Deutsch: »Sprich mir nach!« Was dann folgte, war Kauderwelsch allererster Sahne, aber ich erkannte, was man von mir verlangte. Da war er, der legendäre Satz mit dem Käfer im Schilf. Ich dankte dem Herrn für Theos Geburtsvorbereitungskurs. Ich stellte mein Glas ab, richtete mich auf und räusperte mich verheißungsvoll. Ich hatte den Satz auf dem Weg von der Kirche hierher immer wieder aufgesagt, und so legte ich relativ selbstbewusst los: »F Schtschebscheschünnje chschonschtsch bschmi f tschtchinje.« Für einen kurzen Moment schaute mich die Altherrenriege mit großen Augen an, dann lachten sie und freuten sich und schenkten Wodka aus. Ich hatte sie offensichtlich beeindruckt. Ich spürte, ich war jetzt im *inneren Kreis*. Dummerweise war wesentlicher Bestandteil dieses Privilegs, dass man nur noch Polnisch redete. Ich verstand wieder einmal nichts mehr. Meine Gedanken wanderten, ich beschäftigte mich wieder mit meinem Tischkärtchen, bis mir auffiel, dass die Gruppe einen Halbkreis um mich herum gebildet hatte. Man versuchte, mich in die Gruppe einzubinden, was ich sehr nett fand. Sie redeten, ich lächelte unverbindlich und prostete und lachte und prustete vor Glück, wann immer es angemessen schien. Wir hatten eine tolle Zeit, obgleich ich kein Wort verstand. Ich bedauerte Letzteres, denn die Scherze schienen besonders derbe und unanständig zu sein. Manchmal zeigten sie auf ein Mädchen, dann sagte einer der Männer was und zwinkerte, und dann explodierten alle vor Lachen. Nach einiger Zeit schienen sie sich auf ein besonders hässliches und kräftiges Mädchen eingeschossen zu haben, welches mir bereits in der Kirche aufgrund seiner misanthropischen Ausstrahlung aufgefallen war. Sie blickten zu ihr rüber, lachten leise und zwinkerten mir dafür umso heftiger zu. Speziell Onkel Marek versuchte meine ungeteilte Aufmerksamkeit zu erhaschen. Er zeigte auf das besonders hässliche und kräftige Mädchen und führte dann seine Hand zur Brust. Da ich selbst Onkel Marek nicht solch einen schlechten Geschmack zutraute, vermutete ich, dass er mir mitteilen wollte, dass die junge Dame weniger seine Freundin als seine Tochter war. Aus fahrlässiger Höflichkeit hob ich meinen Daumen. Sofort waren alle Gläser wieder randvoll mit Wodka, die Männer johlten und lachten und Onkel Marek kniff mir in die Wange und zwinkerte mir verbindlich zu. Ich lächelte tapfer, auch wenn ich das dumpfe Gefühl hatte, vor ein paar Sekunden mit dem besonders hässlichen und kräftigen Mädchen verlobt worden zu sein.

Und dann wurde getanzt. Ein bebrillter und bepickelter Jugendlicher, einer der zahlreichen Cousins der Braut und vermutlich der geringste optische Verlust für die Tanzfläche, bediente die CD-Player, vor denen eine völlig überqualifizierte Lautsprecher-Anlage der Marke »Mist, die Schlagerbühne auf dem Stadtfest fällt aus, aber: Hey, bevor sie blöd rumsteht, kriegen wir sie vielleicht der naiven Hochzeitsgesellschaft überteuert angedreht« aufgebaut war. Aus diesen Monstern dröhnte jetzt satte polnische Folklore, die Hölle brach los, ging direkt in die Beine und ließ das Volk geschlossen und kontrolliert ausrasten.

Ich genoss das Spektakel eine ganze Weile mit gebührendem Sicherheitsabstand, aber mit jeder weiteren Minute stieg die Stimmung und ich begriff, dass der Wodka mir nicht nur einen langsamen und grausamen Tod bescherte, sondern auch und vor allem einen derben Realitätsverlust, denn ich begann ernsthaft Spaß zu haben, ja, mich ergriff regelrecht der Übermut, ich ließ mich durch die wunderbare Musik vereinnahmen und eh ich mich's versah, lockerte ich meine Looney-Tunes-Krawatte, ließ mein Sakko fallen und stand mitten in der Deele, tanzend wie ein Derwisch, der kein Morgen kennt.

Mit einem Mal – ich hatte mich gerade richtig in die polnische Volksmusik reingegrooved – gab es musikalisch einen Stilbruch und ich stellte fest, dass ich das Lied kannte. Es war von Scooter. Die gesamte Hochzeitsgesellschaft schaute mich voller Erwartung an und mir wurde klar, trotz des Alkohols, dass man Scooter nur für mich aufgelegt hatte. Es war ein Akt der Völkerverständigung, man reichte dem anglodeutschen Gast die Hand in Freundschaft. Ich war gerührt, vielleicht war mir mittlerweile auch einfach alles egal, also beschloss ich, meine Hüften zu bewegen. Das kam gut an, man reichte mir ein neues Glas mit Wodka, ich hielt mir die Nase zu und äxte und wir ließen uns von HP in die Nacht treiben. Nur das besonders hässliche und kräftige Mädchen war unzufrieden und funkelte mich böse an, als sei ich persönlich haftender Gesellschafter ihrer schlechten Laune. Ich funkelte zurück, zumindest versuchte ich es, ich war schon lange nicht mehr Herr über meine Gesichtszüge. Das Mädchen errötete und blickte weg. Und ich, ich spürte ein diffuses

Kribbeln in der Magengegend, wurde mutig und beobachtete meine Verlobte eindringlich. Ich begann die arrangierte Ehe von der positiven Seite zu betrachten. War sie hässlich? Ja. War sie kräftig? Oh ja. War ich trotzdem scharf auf sie? Meine Gedanken sammelten sich für einen Marsch in eine Richtung, die ich höchst bedenklich fand, und ich fragte mich, ob das schon die Wirkung von Onkel Mareks Krakauer Hirntod sei. Man las ja so viel über Russlands Wodka-Waisen, über zu viel Methanol in schwarzgebranntem, blind machendem Wodka.

Ich eilte zur Toilette, drehte den Wasserhahn am Waschbecken auf und tauchte mein Gesicht ins kalte Wasser, um einen klaren Kopf zu bekommen. Danach ruhte ich mich einen Moment auf einem Toilettensitz aus und schaute mich um. Findige Menschen hatten an der Kabinentür Informationen hinterlassen. So hatte eine Person eine rege Diskussion mit der Behauptung »Scheiß FC Gütersloh« begonnen, was von einer anderen Person durchgestrichen und mit einem »Scheiß Arminia« gekontert worden war. Diese Behauptung wiederum hatte jemand anderes mit einem scharfen Gegenstand durchgeritzt und ein »Scheiß Ostwestfalen« daruntergesetzt. Dem war offenbar nichts mehr hinzuzufügen gewesen, denn thematisch entfernten sich alle anderen Informationen sehr davon. Schräg rechts darunter schrieb zum Beispiel eine Veronika mit Edding, sie sei eine allzeit bereite chronisch

untervögelte Dreilochstute und lecke jedem, dem danach sei, in dieser Kabine seinen harten und glänzenden Liebesstift. Ein faires und vor allem passendes Angebot, wie ich fand, schließlich wollte ich meiner Verlobten in Liebesdingen nicht gänzlich unerfahren gegenübertreten. Ich ging zum Münzfernsprecher, der neben dem Zigarettenautomaten mit der hinterleuchteten New-York-Skyline hing, und wählte Veronikas Nummer. Ein Jörg meldete sich und rief drei Mal »Hallo«, weil ich nichts sagte. Ich legte auf, ich war enttäuscht und fühlte mich verarscht. Aber nicht lange. Aus der Deele dröhnte Mambo No. 5, es war Zeit, zurückzugehen. Und dort, wie konnte es anders sein, erwartete mich Onkel Marek, der sofort mit seinem Spezial-Wodka zur Hand war. Wir tranken auf das Brautpaar, auf mich, auf ihn, auf den Beginn dieser wunderbaren Freundschaft und auf Theo, der zufällig mit einem heißen Mädchen im Arm vorbeikam und auf der Toilette verschwand.

Nicht nur die Feier erreichte langsam ihren Siedepunkt, auch in Bezug auf mich wurde es kritisch. Der Wodka setzte zum finalen Rettungsschuss an. Ich spürte meine Beine nicht mehr, weshalb ich ein Angebot zum Tanzen seitens der unfassbar hübschen Braut bedauerlicherweise ablehnen musste, was beinahe zu schweren diplomatischen Verwicklungen geführt hätte, wäre Onkel Marek nicht schlichtend eingesprungen. Ich atmete schwer und hatte das Gefühl, alles nur noch in Zeitlupe zu erleben. Dann riss ich die Augen auf. Irgendetwas war höchstgradig schiefgegangen. Ich musste mich mit der Tatsache auseinandersetzen, dass ich scheinbar aus heiterem Himmel – vermutlich in Form übermäßigen Methanol-Genusses – eine besonders üble Hornhautverkrümmung erlitten hatte. Beunruhigt nahm ich zur Kenntnis, dass ich mit meinem linken Auge weite Teile meines rechten Ohrs sehen konnte, vom rechten Auge gar nicht erst zu sprechen, welches mir kaleidoskopartige Sinneseindrücke bescherte, die mich faszinierten, aber auch ängstigten. Die nächsten Minuten oder auch Stunden, ich weiß es nicht, versuchte ich das Wort »Faszination« so auszusprechen, dass man das S und das Z deutlich heraushören konnte, aber es war nicht mehr möglich, mein Sprachzentrum kapitulierte, und ich wandte mich wieder dem Satz mit dem Käfer im Schilf zu, der ging mir mittlerweile erheblich leichter von der Zunge.

Plötzlich bemerkte ich, dass mir neben der deutschen Sprache und meinem Sehvermögen etwas anderes abhandengekommen war. Panisch suchte ich die Tanzfläche ab, meine Augen – oder was von ihnen übrig war – scannten eine Horde Legia-Warschau-Hooligans, aber ich sah nichts in dem Knäuel aus Beinen und Armen. Ich beschloss, auf einen Stuhl zu steigen. Nach dem dritten Versuch hatte ich endlich den gewünschten Überblick. Einem Gast fiel meine Suche auf. Ob ich was verloren habe, wollte er von unten wissen. »Ich suche meine Frau«, antwortete ich lallend. »Wie sieht sie denn aus?«, hakte er nach. »Besonders hässlich und kräftig. Und immer bester Laune«, gab ich zu Protokoll. Aber ich sah sie nicht. Sie war verschwunden, vermutlich für immer, und ganz bestimmt mit dem pickligen DJ, der war auch nirgends mehr zu erblicken. Traurig setzte ich mich zu meinem Tischkärtchen und beschloss, den nächsten Schluck Wodka direkt durch die Nase zu ziehen, es hatte ohnehin alles keinen Sinn mehr, und missmutig beobachtete ich, wie bei der Reise nach Jerusalem die ersten Schwerverletzten abtransportiert wurden.

Irgendwann, der *Kołacz*-Kuchen, ein ganz besonders traditioneller Hochzeitskuchen in einer ganz bestimmten Größe und mit Zweigen aus Teig als Schmuck, wurde gerade gereicht, vielleicht war es noch derselbe Abend, vielleicht aber auch schon der nächste, was weiß ich, meine Filmrisse waren zu dem Zeitpunkt Legion, entsann ich mich einer tollen Sache: frische Luft. Mich an Stuhllehnen, Tischkanten, Warmhaltegefäßen und sekundären Geschlechtsmerkmalen entlanghangelnd, suchte ich »Stolat, stolat, njertschi njertschi nam«-singend nach dem Draußen und fand es überraschenderweise vor der Tür der Deele. Ich atmete tief durch und blickte nach oben. Ich wollte die Sterne sehen. Was ich jedoch erspähte, war nur ein tiefes Schwarz. Der Krakauer Hirntod hatte gesiegt und ich verfiel in Gedankenstarre. Ich weiß nicht, wie lange ich da schon gestanden hatte, als mich Theo, der zum Rauchen nach draußen gekommen war, aus meiner Lethargie weckte. Ob alles fit sei, wollte er wissen. Meine Antwort ließ auf sich warten, beim Umdrehen hatte ich meine Beine derart ungünstig verknotet, dass ich die nächsten Minuten vollauf damit beschäftigt war, den Status quo ante an Standfestigkeit wiederherzustellen. »F Schtschebscheschünnje chschonschtsch bschmi f tschtchinje«, grunzte ich irgendwann. Und dann offenbarte ich ihm das Ausmaß meiner Trunkenheit in Form meines Mageninhalts. Theo lachte. Ach, das sei noch gar nichts gewesen, meinte er, so eine langweilige Feier habe er schon lange nicht mehr erlebt. Nächste Woche, fuhr er fort und holte eine Flasche Wodka aus seiner Jackett-Tasche, die er mit mir – so befürchtete ich – zu teilen gedachte, nächste Woche sei er zur Hochzeit eines russischen Kumpels eingeladen. Und die Russen, *die* könnten feiern.

OK, wer fängt an?

Es ist ein ganz normaler Tag im Leben des Mischa aus Bielefeld, ein ganz normaler Tag, keiner dieser Tage, bei denen man von vornherein weiß, dass sie die Welt verändern werden, nein, einfach nur ein ganz normaler Tag, ein scheißnormaler Tag eben, ein Tag wie du und ich. Ich bin im Büro und hole mir meinen ersten Kaffee, wie an einem ganz normalen Tag eben, ich hole mir meinen ersten Kaffee und rufe meine E-Mails ab, stelle den Kaffee auf den Tisch, nicht unweit der Tischkante, riskant könnte man sagen, aber ich bin abgelenkt, entdecke ich doch eine E-Mail von dir, und ich mag E-Mails von dir, wohl doch kein normaler Tag, denke ich, ein schöner Tag, und aus dem Augenwinkel bemerke ich, wie mein voller Kaffeebecher mir nichts, dir nichts, ohne jegliche Vorwarnung und in Zeitlupe, von der Tischkante rutscht und auf meiner Hose landet, da haben wir den Salat. Scheiße, rufe ich. Was, Scheiße?, fragt mein Kollege. Ich erkläre es ihm und er sagt, halb so schlimm, und ich so, wie, halb so schlimm? Und er so, ich müsse das globaler sehen, und ich so, glo-

35

baler? Globaler, sagt mein Kollege, du musst das alles in Relation sehen, das ist doch alles halb so schlimm, sagt mein Kollege, du regst dich auf, weil dir der volle Kaffeebecher auf die Hose gefallen ist, dabei passieren so viele schlimme Dinge gleichzeitig auf der Welt, und ich so, globaler? Ja, sagt mein Kollege, globaler, du denkst, du hast einfach nur Pech und einen beschissenen Start in den Tag erwischt, aber vielleicht ist zum Beispiel genau in diesem Augenblick einfach nur die Erdrotation ins Stocken geraten und die Erde kurz gesprungen und deshalb dein Kaffeebecher von der Tischkante geplumpst, aber das ist doch halb so schlimm in Relation, denn vielleicht ist irgendwo aufgrund des Erdsprungs ein Haus eingestürzt, oder ein Mann ist beim Rückwärtseinparken von der Kupplung gerutscht und muss sich das jetzt auf ewig von seiner Frau anhören, und ich so, wie, die Erdrotation ist ins Stocken geraten, so was passiert doch nicht einfach so, das ist doch Unsinn, und mein Kollege guckt und guckt und guckt und sagt:

Vielleicht war da so ne Tanzfläche in einer anderen Zeitzone, so ne Tanzfläche, auf der ein hoffnungsvoller junger Mann morgens um vier stockbesoffen alleine vor sich hin philosophiert, während Last Resort von Papa Roach durch den Club dröhnt, und er denkt, wenn jetzt eine Million Menschen gleichzeitig springen würden, könnten wir vielleicht die Erdrotation ganz kurz zum

Stocken bringen, die Erde würde springen und das würde vielleicht die Welt verändern, denkt er, was soll's, irgendjemand muss ja den Anfang machen, denkt er und springt, und wie der Zufall es will, denken genau in diesem Augenblick auf der ganzen Welt verstreut eine Million stockbesoffene, alleine vor sich hin philosophierende Jugendliche genau dasselbe und springen, und die Erdrotation gerät für einen kurzen, kurzen Moment ins Stocken, einen Moment bloß, zu kurz, um von irgendeinem der fünf menschlichen Sinne wahrgenommen zu werden, aber lang genug, um die Welt genau in diesem Augenblick zu verändern.

Die Erde springt. Und der Kaffeebecher rutscht und fällt mir auf die Hose.

Die Erde springt. Und Eisbär Knut, der genau in diesem Augenblick einen lecker Fisch verspeisen wollte, verrutscht und beißt stattdessen seine ganze Pranke ab, merkt, wie lecker er selbst schmeckt, frisst sich selbst auf und bringt den Berliner Zoo in eine finanzielle Bredouille, denn dagegen war man irgendwie nicht versichert, wie man bestürzt feststellt, während tausend traumatisierte Blagen zwecks Verarbeitung beim Kinderyoga angemeldet werden.

Die Erde springt. Ein heißblütiger, ältlicher Casanova, der zeit seines Lebens im Rahmen seines promiskuitiven Sexualverhaltens mit Hilfe des Coitus interruptus statt

37

mit Kondomen zu verhüten pflegte, zieht genau in diesem Augenblick sein Glied heraus, die Erde springt, und er rutscht aus Versehen wieder rein, zeugt genau in diesem Augenblick Drillinge und macht für den Rest seines durch Alimentezahlungen getrübten Lebens Gott dafür verantwortlich.

Die Erde springt. Ein Mann, 52 Jahre alt, Schlosser, arbeitsuchend, nennen wir ihn Hans-Wolfgang Schulz, füllt genau in diesem Augenblick seinen wöchentlichen Lottoschein aus, seit dreißig Jahren benutzt er stets dieselben Zahlen, 8 9 17 23 24 38, dieselben Zahlen seit dreißig Jahren, die Erde springt, und er verrutscht bei der letzten Zahl und kreuzt die 39 statt der 38 an. Scheiße, ruft Hans-Wolfgang Schulz. Was, Scheiße?, fragt seine Frau Renate. Ich hab die falsche Zahl angekreuzt, ruft Hans-Wolfgang Schulz und regt sich zwei Minuten lang drüber auf. Seine Frau, die gerade Socken für die undankbaren Enkel der Karriere-Kinder im Westen strickt, weil sie diese so gern beim Kinderyoga tragen, ist genervt und sagt, das sei ja wohl mal halb so schlimm, das sei doch nur eine Zahl, 38 oder 39, das sei doch egal, und überhaupt müsse er sein Problem globaler sehen, manche Leute seien viel ärmer dran, vielleicht habe gerade jemand schweren Herzens die Überweisung ans Finanzamt ausgefüllt und sei bei der Kommastelle verrutscht, oder vielleicht habe sich eine Trauzeugin in der Zeile vertan und habe in der Zeile der

Braut unterschrieben und sei jetzt mit dem dicken hässlichen Verlobten ihrer besten Freundin verheiratet, oder vielleicht … vielleicht … vielleicht habe auch einfach nur die Erdrotation kurz gestockt und Hans-Wolfgang Schulz sei deshalb mit seinem Stift verrutscht, aber das sei doch halb so schlimm, wer weiß, wem noch alles ein Missgeschick passiert ist, sagt Renate.

Vielleicht ist, als die Erde sprang, irgendwo ein Haus eingestürzt, oder ein Mann ist beim Rückwärtseinparken, als die Erde sprang, von der Kupplung gerutscht und muss sich das auf ewig von seiner Frau anhören, oder einem jungen Mann in irgendeinem Büro in irgendeiner deutschen Stadt ist genau in dem Augenblick, als die Erde sprang, der Kaffeebecher wie von Zauberhand von der Tischplatte auf die Hose gekippt, und er ruft auch: Scheiße! Und sein Kollege sagt, das sei doch halb so schlimm, so eine Hose könne man ja reinigen, und er müsse das Problem globaler sehen, vielleicht sei ja genau in diesem Augenblick die Erde für einen kurzen, kurzen Moment ins Stocken geraten und gesprungen, und ein Lottospieler in Cottbus, nennen wir ihn Hans-Wolfgang Schulz, habe aus Versehen die falsche Zahl angekreuzt, seit dreißig Jahren kreuze er stets dieselben Zahlen an, aber heute habe er sich vertippt, und an diesem Abend zieht die Lottofee exakt die Zahlen, die Hans-Wolfgang Schulz seit dreißig

Jahren tippt, exakt die Zahlen, die er schon immer getippt hat, 8 9 17 23 24 38, außer heute natürlich, die Erde sprang und er kreuzte die 39 statt der 38 an und seine Frau sagte vorhin, vor der Lottoziehung, halb so schlimm, er müsse das Ganze globaler sehen.

An diesem Abend bringt ihm seine Frau, nennen wir sie Renate, kleinlaut die Pantoffeln ans Sofa, bringt ihm so viel Bier, wie ein Mann braucht, um den Verlust von 42 Millionen Euro zu ertragen, und an diesem Abend kriegt er nach dreißig Jahren Ehe das erste Mal einen geblasen und es fühlt sich an, so denkt der stockbesoffene Hans-Wolfgang Schulz und seufzt, es fühlt sich an wie ein Sechser im Lotto.

Und ich, ich gehe mit meiner besudelten Hose zur Reinigung an der Ecke, warte an der Ampel und denke, vielleicht, vielleicht muss man das Ganze wirklich globaler sehen, wenn eine Million Menschen in genau diesem Augenblick springen würden, vielleicht würde die Erdrotation tatsächlich ins Stocken geraten und die Erde springen, und vielleicht würde dadurch ein Sack Reis in China umfallen, platzen und vom LKW rollen und ein ganzes hungerndes Dorf ernähren, das irgendwie vom wirtschaftlichen Aufschwung Chinas verschont geblieben ist, vielleicht würde das BKA sich beim Abhören verwählen und aus Versehen mitbekommen, dass Wolfgang Schäuble jeden Dienstagabend von einer Domina wie ein Baby gewickelt wird, vielleicht würde die Erde springen und Thomas G. Hornauer, der sich gerade einen Hamburger für einen Dollar von McDonald's reinpfeift, würde sich verschlucken und genau in diesem Augenblick an einem dieser eigentlich überflüssigen Gurkenscheibchen ersticken, und vielleicht würdest du eine SMS an deinen Schwarm schicken mit der Frage, ob ihr euch treffen könnt, vielleicht würde die Erde springen und du dich genau in diesem Augenblick vertippen und die SMS aus Versehen an mich schicken. Vielleicht würde ich statt deines Schwarms am Treffpunkt auftauchen. Und vielleicht würdest du dich verlieben. In mich. Vielleicht. Es muss bloß irgendjemand den Anfang machen.

Wie mich die Musikkapelle Slayer zum Mann machte

Ich bin ja von Natur aus eher ein Hänfling. Anders ausgedrückt: Meine Mitbewohnerin nimmt mir automatisch den Werkzeugkasten ab, wenn Handwerkstätigkeiten anfallen. Das tut mir weh. Mein Kumpel sagt, ich müsse vernünftige Musik hören. Ich müsse Musik hören, die mich zum Mann macht. Mein Kumpel sagt, ich müsse Slayer hören. Na ja, denke ich. Ich mag doch Tomte. Und meine Pommesärmchen sind anatomisch bedingt und haben nichts mit meinem Musikgeschmack zu tun. Oder doch? Ich will zu einem richtigen Mann werden. Und da gibt es keinen Umweg, da gibt es nur den Highway to Hell, und der führt einzig und allein über Slayer, sagt mein Kumpel.

Für alle, die jetzt denken: »Hä, Slayer?«, versuche ich mal, Slayer zu erklären. Slayer ist die härteste Band der Welt. Sie sind härter als Heavy Metal, härter als Death Metal, sogar noch härter als Black Metal. Slayer macht Thrash Metal. Das ist, in zwei Worten zusammengefasst, böse Musik. Slayer ist die böseste Band der Welt. Slayer ist böseböse, also böse 2.0, nein, böse 666. Nimm das, was du bisher als

ultimativ böse betrachtet hast, stell dich drauf, und was du dann am Horizont siehst, das ist Slayer. Slayer macht Alben, die Titel tragen wie *Gott hasst uns alle*, *Blutherrschaft*, *Zeig keine Gnade* oder *Jahrzehnt der Aggression*. Egal, was deine Eltern über Slayer sagen oder gehört haben – es stimmt! Slayer ist das Gegenteil von *Wir sind Helden*, auf einer Punkteskala von eins bis Slayer wären *Wir sind Helden* die minus zehn. Wenn der Satan Musik wäre, hieße er Slayer. Wenn der Antichrist selbst bei Slayer mitmachen wollte, sie würden ihn auslachen. Charles Manson und seine Massaker waren ein Kindergeburtstag gegen Slayer, Stalin und Mao waren Schuljungen gegen Slayer, sogar Quentin Tarantino hat Angst vor Slayer, Slayer ist das, was das Böse gern wäre, denn Slayer ist das Fishermen's Friend der Musik! Kurz: Slayer ist Musik für Männer.

Um ein echter Mann zu werden, habe ich mir Slayers Album *Reign in Blood* gesaugt. Zaghaft schiebe ich mir die Ohrhörer in die Gehörgänge – und erwarte die Hölle auf Erden, oder zumindest das Purgatorium. Ich habe Angst. Wie wird Slayer auf mich wirken? Man hört ja so vieles. Wenn Marilyn Manson Columbine ausgelöst hat, muss es bei Slayer mindestens das Jüngste Gericht sein, oder nicht? Wie ein rohes Ei fasse ich meinen iPod an und drücke auf »Play«.

Track 1 – Sowas habe ich noch nie gehört. Wenn ich nicht in fünf Sekunden taub bin, will ich Wilhelm heißen. Der Song heißt *Angel of Death* und klingt auch so. Ich verspüre den zarten Wunsch in mir knospen, das Haus zu verlassen und eine Ordnungswidrigkeit zu begehen. Nicht gut. Schnell weiter zu

Track 2 – *Piece by* Piece. Der Song handelt von einem Mörder, der seine Opfer zerstückelt. Ich spüre ein erstarkendes Jucken im Schläfenbereich, meine Halsschlagader pumpt hektoliterweise brennendes Blut durch meine Venen. Ja! Das ist Musik für Männer! Wozu schöne Harmonien, wenn man Distortion und Doppelbass hat? Ich komme langsam in Fahrt!

Track 3 – *Necrophobic.* O mein Gott, mein Kopf platzt gleich. Was ist das bitte? Mit 250 Beats pro Minute prasselt das Lied auf mich ein, das irgendwie von tödlichen Experimenten an … Scheiß auf Inhalte, ich will Blut sehn! Ich renne schreiend durchs Wohnzimmer und schlage meinen Kopf gegen die Wand. Mein Nachbar droht, die Polizei zu rufen. Ich drohe zurück, Slayer zu rufen. Er gibt nach.

Track 4 oder 5, scheißegal, es hört sich eh alles gleich an. Ich fühle meine Wut auf diese Welt endlich verstanden, wer braucht schon empathische Sozialpädagogen, wenn es Slayer gibt. Ich will Laternen austreten. Ich will Michael Schumacher die Reifen zerstechen! Ich will dem gesamten Bundestag die Stühle unterm Arsch wegziehen, wenn sie sich gerade hinsetzen wollen! Ich möchte Plastiksprengstoff an der Kirchenglocke gegenüber anbringen, denn wenn sie mich schon auf nen Sonntag um neun Uhr wecken muss, dann wenigstens mit einer Explosion, die

sich gewaschen hat und den blöden Kirchturm in die Erd-
umlaufbahn schießt!

Ich versuche, mich zu beruhigen. Ich bekomme Angst vor
mir. Ist diese Musik wirklich schuld an meinen Tendenzen?
Schnell weiter zu Track 6 – *Criminally Insane*. Wieder geht
es um einen Massenmörder. Mein ganzer Körper zuckt, ich
schließe die Augen. Meine alte Mathelehrerin freut sich zuerst, mich vor ihrer Tür zu sehen, dann nicht mehr, als sie
meine Axt sieht. Ich drohe, dass ich sie umbringen und ver-
graben werde. Dann werde ich sie wieder ausgraben, mit

Elektroschocks wieder zum Leben erwecken und dann wieder umbringen. Danach werde ich fünf Minuten warten, sie wieder ausgraben, ihr mit Elektroschocks und Ersatzteilen vom Rasenmäher wieder Leben einhauchen und sie dann wieder umbringen. Danach werde ich fünf Minuten warten, ihr Grab in die Luft sprengen, sie wieder zusammennähen, an einen Dieselgenerator anschließen und wieder zum Leben erwecken, wieder umbringen und das die nächsten tausend Jahre! Sie sagt, ich sei in der Schule auch immer so impulsiv gewesen, und vielleicht sollte ich erstmal eine Sache zu Ende bringen! Sie gibt mir trotzdem eine Zwei für Fleiß. Schweißgebadet öffne ich die Augen.

Ich skippe direkt zum letzten Track weiter, *Raining Blood*. Ich kann mich kaum noch auf den Beinen halten, Schweiß rinnt an mir herunter, ich spüre Muskeln, wo ich sie am wenigsten erwartet hätte. Ich drücke »Play« und die Erde bebt! Ja, das ist Slayer, Musik für Männer! Wie von der Tarantel gestochen rase ich durch die Wohnung und hole den Werkzeugkasten. Diese Regale wollte ich doch schon lange aufgebaut haben. Scheiß auf den Akkubohrschrauber, ich nehme meine Fingernägel. Ich stelle die Leiter in den Schrank für Weicheier und kletter auf die Stuhllehne. Die Glühbirne, die ich schon lange wechseln wollte – erledigt! Die Hornbach-Kundenkarte – beantragt! Die 25-Kilo-Hanteln meines Bodybuilder-Nachbarn – geklaut!

Denn das hier, mein Freund, sind keine Pommesärmchen, sondern Tentakeln des Todes!

»Was machst du da?«

Ich ziehe mir die Ohrhörer meines iPods raus. Meine Mitbewohnerin sieht mich mit einer Mischung aus Neugier und Entsetzen an.

»Nichts«, sage ich.

»Dann hör auf damit«, sagt sie.

Stolz schaue ich auf meine Ohrhörer. An ihnen klebt Blut. Mein Blut. Männerblut! Gleich morgen werde ich mir ein T-Shirt machen. Ich spüre jetzt schon die bewundernden Blicke auf meiner Brust, ich spüre, wie Frauen mich angieren und Männer ihre Frauen festhalten. Obwohl ich auf dem iPod wieder heimlich Tomte höre, spüre ich Respekt. Lächelnd denke ich an die Stickerei, die ich mir machen werde. »I survived Slayer in voller Albumlänge!« Ja. Ich bin endlich ein Mann. Danke, Slayer!

Die Summe aller Ängste

Als ich noch klein war, sagen wir, in der fünften Klasse, hatten wir einen Heidenrespekt vor den Zehntklässlern, die grob geschätzt doppelt so groß wie wir waren und denen wir auf den Fluren des Cecilien-Gymnasiums ehrfürchtig aus dem Weg gingen. Als ich Zehntklässler war, ging ich dann den Fünftklässlern ehrfürchtig aus dem Weg, die scheinbar dank regelmäßiger Fastfood-Mast doppelt so groß wie ich geworden waren und mir dies auch in offener Feindseligkeit zeigten.

Kinder und Jugendliche eines gewissen Alters sind mir bis heute ein Gräuel, ja, man könnte von Phobie sprechen. Sie haben vor nichts und niemandem Respekt, und ganz speziell nicht vor mir. Ganz besonders deutlich wird dies, wenn man morgens oder mittags im Auto unterwegs ist und das große Los zieht, hinter einem Schulbus mit bestem Blick auf die Schulbusrückbank herfahren zu dürfen. Schulbusrückbänke sind die Summe aller Ängste. Während unsereins die Schulbusfahrt dazu nutzte, versäumte

Hausaufgaben zu machen, vergebliche Liebesbriefe zu schreiben oder verdorbene O-Saft-Reste der Marke »Stute« zu trinken, kann es die Generation von heute offensichtlich nicht abwarten, die Rückbank zu erobern und sich ein geeignetes Opfer für diverse und ausgeklügelte Fratzen, Grimassen und Gesten zu suchen. Und meist hat man dieses teuflische Gemüse vor sich, wenn es überhaupt keine Möglichkeit gibt, den Schulbus zu überholen. So hat man das Vergnügen, sich von vier bis fünf nervigen Bratzen im Format 16 zu 9 verarschen zu lassen. Besonders perfide ist die Variante der kleinen Arschlöcher, einen längere Zeit eingehend zu betrachten, um sich dann unter schallendem Gelächter an den Nachbarn zu wenden und ihm die Beobachtung ins Ohr zu flüstern, worauf dieser ebenfalls lauthals zu lachen anfängt und seinen neugierig gewordenen Nachbarn davon in Kenntnis setzt, bis irgendwann der gesamte Bus dank des Stille-Post-Prinzips ein großer verschworener lachender Haufen ist. Und man selbst, armer Schlucker, der man ist, sitzt im Auto, blickt verstohlen in den Rückspiegel und fragt sich, was verdammt noch mal so witzig an einem ist. Höhepunkt ist unweigerlich der Moment, wenn man im Stau steht, die gesamte Schulbusrückbank verzückt über einen in Wallung geraten ist, und man dann mit Schrecken feststellt, dass zusätzlich sämtliche Insassen der Fahrzeuge um einen herum in das Lachen einstimmen. Der Horror.

Doch mittlerweile habe ich gelernt, damit umzugehen. Ich drehe die Musik auf, schließe die Augen, atme tief durch und zähle bis zehn – und wenn alle Stricke reißen, schließe ich erneut die Augen und erinnere mich an eine denkwürdige Autofahrt mit Wayne. Eine Fahrt, die weder ich noch die gesamte Rückbank des Schulbusses je vergessen werden.

Wayne und ich waren an diesem Tag, es muss ein Mittwoch gewesen sein, um die Mittagszeit in meinem Auto unterwegs. Wir kannten uns schon ewig, waren wir doch in der Grundschule in eine Klasse gegangen. Damals verband uns hauptsächlich das Schicksal, im Besitz hagerer und spindeldürrer, hässlicher Körper zu sein. Mein englisches Blut ließ grüßen. Bei Wayne war es allerdings umso bemerkenswerter, da er aus Nigeria kam. Aber offensichtlich hatte der Gott der Savanne ihm genetisch einen Streich gespielt. Und während Anthony – aus Ghana und der Nachbarklasse – im Schwimmunterricht bereits in der dritten Klasse ansehnliche Brust- und Bauchmuskeln vorweisen konnte und sie bei den Mädchen geschickt einzusetzen wusste, versuchten Wayne und ich, unsere Hühnerbrüste so gut es ging zu verstecken. Das verband uns und machte uns bis zum Ende der Grundschule unzertrennlich.

Danach verloren wir uns für lange Zeit aus den Augen, bis ich irgendwann viele Jahre später tagträumend durch die Stadt flanierte. Eine Stimme riss mich aus meiner Lethargie. Und wer sollte es anderes sein als Wayne. An dieser Stelle muss ich einwerfen, dass ich mich jahrelang mit dem Gedanken getröstet hatte, dass es selbst unter den sonst notorisch gutaussehenden Schwarzen Männer wie meinen Kumpel Wayne gab, die einen genauso hageren und dürren, sprich: hässlichen Körper hatten wie ich. Als ich Wayne nach all diesen Jahren wieder traf, änderte sich einiges an meinem Weltbild. Wayne war mittlerweile ein Schrank von einem Mann, hatte einen Nacken wie ein Amboss und Oberarme wie Mammutbäume. Manches änderte sich aber auch nicht. Ich war immer noch der dürre und hagere, von nunmehr weiteren Selbstzweifeln geplagte junge Mann. »Mensch, du hast dich ja kaum verändert«, sagte Wayne freundlich.

Mit ebendiesem Wayne befand ich mich im Auto, keine Ahnung mehr, warum, als wir dummerweise hinter einem Schulbus landeten. Und wie konnte es anders sein – die Rückbank barst unter der Last vermaledeiter Schüler, die auch prompt begannen, uns böse anzufeixen und Witze über uns zu reißen. In dem Augenblick passierten mehrere Dinge gleichzeitig. Der Bus hielt an einer Haltestelle, wir hielten dahinter, und einer der Nachwuchs-Bushidos hielt es für angebracht, seine Lippen aufzublähen und einen wild gewordenen Orang-Utan zu mimen. Wayne war das nicht entgangen.

»Ich bin gleich wieder da«, sagte er ganz ruhig, öffnete die Fahrertür und stieg aus. Er ging zur Haltestelle rüber, half einer älteren Dame samt ihrem Rollator freundlich hinein und bestieg dann ebenfalls den Bus. Die geweiteten Augen der gesamten Rückbank waren das Letzte, was ich für die nächsten Minuten sah, da der Bus an der Ecke abbog und ich an der rot gewordenen Ampel warten musste.

Als ich die Ecke mit meinem Auto endlich genommen hatte, sah ich in der Ferne den Schulbus. Ich versuchte, ihn und Wayne einzuholen. Der Bus hatte gerade eine Haltestelle verlassen. Als ich diese passierte, sah ich eine Gruppe von verstörten und zum Teil weinenden Kindern, die eine frappierende Ähnlichkeit zu der Rückbankposse des Schulbusses aufwiesen. Was mir im Besonderen auffiel: Sie hatten anscheinend alle keine Tornister mehr.

Nach einigen Sekunden hatte ich den Schulbus eingeholt. Er fuhr langsam auf seine Endhaltestelle zu. Und in der Mitte der Schulbusrückbank, die Arme links und rechts über die gesamte Bank ausgebreitet, entdeckte ich das breite Kreuz von Wayne. Mit einem stolzen Lächeln im Gesicht drehte sich Wayne zu mir um und zeigte mir seinen ausgestreckten Daumen.

Wieder bei ihm zu Hause, durchforsteten wir die erbeuteten Schulranzen. Wir aßen leckere und weniger leckere Pausenbrote, bastelten Papierflieger aus Deutschheften und schrieben in krakeliger Handschrift versaute Liebesbriefe an alle Mädchen, die wir auf der im Matheheft eingeklebten Klassenliste der 5a des Helmholtz-Gymnasiums fanden. Die Absender entnahmen wir jeweils den kleinen, hinter einem Plastikfenster im Schulranzen angebrachten Adressschildchen. Unser Rachedurst war gestillt. Und wir begossen den Erfolg standesgemäß mit Orangensaft der Marke Stute. Als wir die Schulranzen um Mitternacht am nächsten Briefkasten abstellten, huschte mir ein Lächeln übers Gesicht. Mir war eine Erkenntnis gekommen. Mir war die Erkenntnis gekommen, dass die Schulbusrückbank nicht die Summe aller Ängste war. Diese war eindeutig Wayne. Aber Wayne war ja zum Glück ein Freund, und so viel war klar, diese Freundschaft würde ich hegen und pflegen, bis dass der Tod uns scheidet.

Helgaaa!

Helgaaa!, schreit ein 18-jähriger Knirps in Che-Guevara-T-Shirt und Nachwuchs-Dreadlocks neben mir, und dann schreien noch mehr Leute Helgaaa!, und ich denke, egal, es ist Festivalzeit, und schreie mit.*

Das Mädchen, das seit zwei Stunden vor der Hauptbühne neben mir steht, lächelt mich an, in ihrem bunten Batikshirt und bunter Cordschlaghose und ihren bunten Füßen, sie sieht süß aus, mit ihren bunten Kügelchen im Haar und den bunten Fingernägeln, ich beobachte sie

---

* Es existieren Dutzende urbane Legenden. So gibt es beispielsweise die Mär von der Spinne in der Yucca-Palme in Bielefeld zwar nicht, dafür aber »Helga«. Wie letztere Legende entstand, darüber streiten sich die Gelehrten zwischen Wacken und St. Gallen. Einer Mythenbildung zufolge lief vor vielen Jahren ein Mann über irgendein Festivalgelände und suchte verzweifelt seine Angebetete namens Helga. Dabei schrie er lauthals ihren Namen. Eine denkbar schlechte Idee auf einem mit besoffenen und zu allen Schandtaten bereiten Jugendlichen überfüllten Zeltplatz. Irgendwann stimmten einige der Festivalbesucher mit ein, der arme Mann fand seine Frau nie wieder, aber er konnte sich immerhin mit dem Gedanken trösten, einen der nervigsten Festivalbräuche aus der Taufe gehoben zu haben – den »Helgaaa!«-Schrei.

schon die ganze Zeit und könnte mir was vorstellen, weil, ist ja Festivalzeit, denke ich, und sage hallo.

Sie heiße Galaktika, ich dürfe sie aber Svantje nennen, sagt sie, sie sei eine wiedergeborene Prinzessin vom Planeten Xylanthon, und sie sei hier wegen der universellen Energie der Musik. Ich sage ihr, wer ich bin und ich sei ja eher wegen Tocotronic hier. Hauptsache, man trage das Gute im Herzen, sagt sie und tanzt in Halbkreisen um mich herum, dabei indisch anmutende Wörter murmelnd.

Mein Hippiemädchen, denke ich, o du mein wildes, wildes Hippiemädchen, denke ich und frage, ob sie was zu rauchen habe, sie hat, im Zelt, und ich gehe mit. Sie baut eine Tüte und erzählt, dass das mit uns beiden kosmische Fügung sei, es sei alles im Fluss und ich so, kein Scheiß? Und sie so, kein Scheiß, und dann rauchen wir und sind im Fluss.

Ob ich was spüre, fragt mich Svantje und tätschelt freundlich meinen Schritt, und ich so: Auf jeden! Das sei Gaya, behauptet sie keck und hält die Tüte hoch und ich, ach so, und wir ziehen noch mal an Gaya und jetzt spüre ich sie auch, und dann küssen wir uns, sie schmeckt nach Rooibos-Tee und Schwarzer Krauser, ihr Zungenpiercing schlägt gegen meine Zähne, fünf Jahre Kieferorthopädie umsonst, ich ziehe Svantje aus und entdecke auf ihrem Bauch eintätowiert eine indische Elefantengöttin. Egal, denke ich, es ist Festivalzeit, und hole ein Kondom aus meiner Hose. Sie schreckt auf, Kondom ist nicht, das verstoße gegen ihren Glauben, die Fruchtbarkeit sei heilig, alles müsse im Fluss sein, erklärt sie mir in indisch anmutenden Wörtern, egal, denke ich, es ist Festivalzeit, und ziehe mich aus.

Im letzten Augenblick schaffe ich es, mir von ihr unbemerkt ein Kondom überzustreifen, und dann schlafen wir miteinander, sie verlangt, dass ich meine Arme seitlich ausstrecke, um die Pole der Fruchtbarkeit auszubalancieren. Galaktika wirft ihren Kopf wild hin und her, ich bekomme eins ihrer Haarkügelchen ins Auge, ein anderes schlägt gegen meine Vorderzähne, fünf Jahre Kieferorthopädie endgültig umsonst. Und dann kommt sie und eine Minute lang schreit sie in einer indisch anmutenden Sprache, bis sie erschöpft zusammensackt und meine Brustwarzen kneift. Jetzt sei ich dran, sagt sie, es sei Zeit, mich in den Schoß des Universums fallen zu lassen, falle, Schmetterling, falle, singsangt Svantje. Ok, sage ich und komme und schreie: »Helgaaaa!«

Wir legen uns hin, sie ihren Kopf auf meine Brust, und sie kräuselt meine Behaarung, tätschelt mir freundlich den Schritt und erzählt etwas von Sonnen, die in irgendeinem diffusen Paralleluniversum aufgegangen seien, und dass ich, hätte ich vorher nur etwas gesagt, diese »Helga« ruhig hätte mitbringen können.

Am nächsten Morgen wache ich auf, jemand streichelt mir mein Gesicht und tätschelt mir freundlich den Schritt, ich öffne die Augen und schaue einem sehr bärtigen Mann ins Antlitz, ich zucke zusammen und sitze kerzengerade im Zelt. Scheißdrogen, jammere ich innerlich, aber dann redet der bärtige Mann, der komplett nackt vor mir schneidersitzt, Galaktika sei gerade duschen und komme zum Frühstücken gleich wieder, es sei alles gut, sagt er.

Er heiße Toralf und sei Galaktikas »irdischer Partner«, oder, wie ich es nennen würde, ihr Ehemann. Ich verfalle kurzfristig in Panik und erwarte einen außerirdischen Todesstrahl, mit eifersüchtigen Ehemännern hatte ich nicht gerechnet. Toralf scheint meine Angst zu bemerken, er greift nach meiner Hand, küsst sie, hält sie an seine Wange und versichert mir, dass wir alle Kinder Gayas seien, alles müsse nun mal fließen, gut, denke ich, das heißt wohl, völlig ok, dass du meine Alte geknallt hast, kosmischer Bruder.

Und dann kommt Svantje wieder, sie ist in ein recht durchsichtiges Batiktuch gewickelt. Sie gibt Toralf einen Kuss auf die Wange, tätschelt mir freundlich den Schritt und kommentiert die positiven Schwingungen. Toralf freut sich, und dann kommt ein hübsches Mädchen in einer Miss-Sixties-Jeans herein, Toralf verkündet, das sei Lisa, er habe mit ihr eine universelle Nacht verbracht, und dann frühstücken wir alle zusammen. O Gott, denke ich,

ich bin in einer Open-Source-Sex-Sekte gelandet. Um irgendetwas zu sagen, frage ich, wo meine Klamotten seien. Svantje tätschelt mir freundlich den Schritt und beruhigt mich, sie habe sie gewaschen, sie hingen am Zaun und würden gerade trocknen. Aber es regne seit zwei Tagen, weise ich auf den Haken hin. Nach dem dritten Kräutertee beschließe ich zu gehen, Lisa folgt mir dankbar aus dem Zelt heraus, sie hat mir kein einziges Mal freundlich den Schritt getätschelt, das fällt mir positiv auf. Toralf und Svantje tanzen zum Abschied in Halbkreisen um uns, indisch anmutende Wörter murmelnd, wir fühlen uns gesegnet und dann gehen wir zum Festivalgelände.

An einem zur Pissrinne umfunktionierten Zaun entdecke ich meine Klamotten, völlig durchgeweicht und an einem Festivalplakat klebend, egal, ist ja Festivalzeit. Ich ziehe meine Hosen langsam vom Plakat ab, direkt auf dem Schritt der Buchse haben sich Teile der Schrift abgefärbt, statt »Rock am Ring« ist jetzt nur noch halbwegs »Cock Ring« erkennbar, na Klasse, denke ich, ziehe mir die Hose schnell über und gehe mit Lisa ein Bier trinken.

Sie studiere BWL, erzählt sie, später wolle sie irgendwas Kaufmännisches machen, sie wohne noch bei ihren Eltern, am Wochenende lese sie gern ein gutes Buch, sonntags gehe sie immer schwimmen, von Gras müsse sie immer kotzen, nein, einen Freund habe sie zurzeit nicht und ja, das sei ihr erstes Festival, erzählt sie schüchtern, und plötzlich finde ich sie total sexy und denke, du wildes Mädchen, du, denke ich, und dann küssen wir uns und verschwinden in ihrem Zwei-Mann-Iglu, in dessen Ecke mich eine Diddl-Maus begrüßt. Ich bin glücklich. Ich bin geil. Ich bin glücklich und geil, sie kommt aus Wanne-Eickel und ich ziehe sie aus und sie hat weder Tätowierung noch Piercing und ich bin noch glücklicher und noch geiler.

Sie wolle nicht zu spießig wirken, sagt sie, aber ob es für

mich wohl o. k. sei, zwei Kondome überzuziehen, sie sei sehr fruchtbar und wolle nichts riskieren, sie kenne mich ja kaum. Ich lächle und ziehe zur Feier des Tages drei Kondome über, ich spüre zwar nichts, rufe aber trotzdem irgendwann »Helgaaa!«. Und dann ruft sie auch »Helgaaa«, der halbe Zeltplatz stimmt ein, »Helgaaa«, irgendjemand schreit, das sei total out und ob wir wohl die Fresse halten könnten, es sei gerade mal zehn morgens und manche Leute seien grad erst eingeschlafen, und ich denke: Egal, es ist Festivalzeit, und freue mich.

In den Fängen des Dr. Wüstling

Als ich eingeschult wurde, war ich eines von vielen NDH-Kindern in meiner Klasse, also »nicht deutscher Herkunftsprache«, damaliges Amtsdeutsch für »passdeutsche Kinder mit Migrationshintergrund«. Zu diesem Zeitpunkt lebte ich gerade mal zwei Jahre in Deutschland und hatte die Sprache weitestgehend von meiner Mutter gelernt, der ihre Muttersprache allerdings nach langem Auslandsaufenthalt fremder war als Spanisch. So verwechselte ich ab und an die Artikel, stolperte über den Dativ, den Genitiv und alle anderen tive und empfand den richtigen Einsatz von »mir« und »mich« als teils unüberwindbares Hindernis. Höhepunkt meines persönlichen Babels war mein erstes Diktat, in dem ich sämtliche Satzzeichen – Komma, Punkt, Fragezeichen – buchstäblich ausschrieb. Kein Wunder, bei einem halb englischen, halb französischen Vater.

Ihm fiel die sprachliche Integration denn auch am schwersten, wenngleich er sich mit Leidenschaft in jedes sich ihm eröffnende grammatikalische Minenfeld stürzte und sich alle Mühe gab, die Sprache schnell zu erlernen. Ich erinnere mich an eine Feier, zu der unsere Familie eingeladen war. Mein Vater schlenderte irgendwann zum Buffet, um sich am Fingerfood zu laben. Dort stand der Gastgeber, der meinen Vater einer Besucherin vorstellen wollte.

»Das ist der Mann der Frau …«, sagte er und zeigte auf meinen Vater. Der schluckte das Canapé hinunter, räusperte sich und mischte sich freundlich, aber bestimmt ein.

»Der Mann – *die* Frau«, erklärte er hilfsbereit und zwinkerte dem Gastgeber zu. Irritiert blinzelte dieser und wandte sich wieder seiner Gesprächspartnerin zu.

»Äh, ja. Wie gesagt, dieser Herr ist der Mann der Frau …«, wiederholte er. Mein Vater lächelte großmütig, wenn auch kopfschüttelnd und dezent tadelnd.

»Der Mann – *die* Frau«, korrigierte er ihn geduldig – sichtlich stolz, als Ausländer die richtigen Artikel erkannt zu haben. Dann klopfte er unserem Gastgeber auf die Schulter, zeigte ihm den hochgestreckten Daumen und begab sich zurück an unseren Tisch, wo unsere Mutter bereits mit rotem Kopf peinlich berührt wartete. Ich konnte nicht hören, was sie ihm ins Ohr flüsterte, aber kurz darauf stob mein Vater davon, sich entrüstet fragend, weshalb die Alliierten, wenn sie schon dabei waren, nicht die Fälle der deutschen Sprache gleich mit entsorgt hatten.

Völlig entnervt von den Tücken der deutschen Grammatik, entwickelte er irgendwann die durchaus pfiffige Methode, französische oder englische Begriffe einfach deutsch auszusprechen, wenn ihm das deutsche Äquivalent nicht einfiel oder er es nicht kannte. Auf dem Amt fragte er entsprechend nach einer »Applikation«, wenn er einen Antrag meinte; wünschte er eine Überweisung an einen Facharzt, verlangte er nach einem »Referral«; ging ihm wieder mal eine Eigenart der deutschen Grammatik auf den Zeiger, sprach er von der »Idiosyncrasie«. So kam es zwar des Öfteren vor, dass ihm seine Gesprächspartner nicht folgen konnten. Da Vaters Wortschöpfungen aber sehr geschwollen und furchtbar gebildet klangen, wollte sich niemand die Blöße geben, und dementsprechend wenig Widerspruch bekam er dann auch. Herrlich. Diesen überlebenswilligen Einfallsreichtum meines Vaters bewundere ich bis heute sehr.

Während ich mich mit der deutschen Sprache im Großen und Ganzen doch recht schnell anfreundete, haderte ich umso länger mit meiner Identität. Ich war ein kosmopolitisches Kind – auf einer Halbinsel vor Spanien geboren; von Geburt und Staatsbürgerschaft Brite; mit französischen Wurzeln; in Deutschland lebend. Ich war in den Augen meiner Umgebung ein Ausländer zweiter Klasse, nicht Fisch, nicht Fleisch. Ich war nicht deutsch, aber eben auch nicht

»richtig« Ausländer, was vielleicht daran lag, dass Engländer nicht als Ausländer, sondern als Besatzer galten; und wenn es ein Volk gab, das der gemeine Deutsche noch weniger mochte als das türkische, dann war es das französische. (Das beruht im Übrigen auf Gegenseitigkeit, wobei die Franzosen den Deutschen bis heute weniger den Zweiten Weltkrieg als das Foul von Toni Schumacher übelnehmen.) Auf diese Art zwischen den Stühlen sitzend, ging es mir nicht viel anders als meinen türkischen Mitschülern, die gleichfalls hüben wie drüben nicht akzeptiert wurden, mit dem Unterschied, dass Murat I, Murat II, Ramazan und Özgür ihren Heimaturlaub mit dem Risiko antraten, in der Türkei mit irgendeiner dicken, hässlichen Cousine verheiratet oder vom Militär eingezogen zu werden. Murat I sahen wir nach der zweiten Klasse nie wieder. Über kurz oder lang allerdings klappte es mit der Akzeptanz immer besser und ich integrierte mich so gut, dass man mich kaum von anderen wohlintegrierten NDH-Kindern in unserer ostwestfälischen Wahlheimat unterscheiden konnte. Und das wollte was heißen – sind der Ostwestfale im Allgemeinen und der Bielefelder im Besonderen doch bekanntermaßen sehr eigen.

Aus meiner Familie waren es letztendlich meine Zähne, die sich als Erste integrierten und sich ganz ostwestfälisch unverbindlich und zum Teil händchenhaltend in Zweierreihen in meinem Mundraum aufstellten, frei nach dem Motto: »Lieber nicht zu nahe beieinanderstehen, man könnte sonst mit dem Nachbarn ins Gespräch kommen.« Mein Mund war kein schöner Anblick, denn meine Zähne erweckten den Eindruck, als hätten sie zur Begrüßung voller Inbrunst ihre Namen getanzt, nur um mittendrin zu versteinern.

Das bemerkten irgendwann auch meine Eltern, als ich eines Abendessens genüsslich mit offenem Mund kauend vor ihnen saß. Sie redeten miteinander, schauten mich wiederholt an und beendeten das Gespräch mit dem Fazit, der Urlaub sei egal, aber das Kind brauche eine Zahnspange. Und so saß ich kurz darauf im Stuhl des Kieferorthopäden Dr. Wüstling.

Dr. Wüstling hieß nicht wirklich Dr. Wüstling, zumindest nicht laut Türschild, aber ich war mir schon bald sicher, dass das der Spitzname war, den sich sein Ur-Ur-Ur-Ur-Ur-Ur-Großvater während der spanischen Inquisition erfoltert hatte; und dessen Verbrecher-Gen hatte sich über die Jahrhunderte nicht nur vererbt, sondern multipliziert und in der Person meines Dr. Wüstling menschliche Gestalt angenommen.

Dr. Wüstling hielt nichts von Zärtlichkeit. Dr. Wüstling hielt auch nichts vom hippokratischen Eid. Das bekam ich recht bald zu spüren. Als er den Gipsabdruck meines Oberkiefers nahm, vergaß er ihn kurzfristig und musste das Förmchen fünf Minuten später mit einem Hämmerchen und drei Sprechstundenhilfen von den Zähnen losklopfen. Er war auch selten zufrieden. Nie machte ich ihm den Mund weit genug auf, mehr als einmal erlitt ich deshalb beinahe eine Kiefersperre. Einmal, ich hatte aus Versehen ein Bracket losgeknibbelt, beschimpfte er mich vor der hübschen Sprechstundenhilfe als dummes, dummes, dummes Kind; ein anderes Mal, bis ins Wartezimmer hatte man seine an jenem Tag besonders schlechte Laune gespürt, zog er den Draht so fest, dass ich tausend Schmerzenstode litt und der Draht mitten in der Nacht riss und meine Lippe von innen kreuz und quer aufschlitzte. Auch das, so gab er mir am nächsten Morgen zu verstehen, müsse wohl meine Schuld gewesen sein. Überhaupt schien er anstatt einer guten Kinderstube eine Einzelzelle in der Vorhölle genossen zu haben, denn er definierte bei jedem meiner Besuche die Misanthropie neu. So brauchte ich Nietzsche nie zu lesen, denn ich genoss alle sechs Wochen eine Privatvorlesung bei Dr. Wüstling.

All das durchlitt ich aber gern, denn ich hatte ja die vor meiner Nase baumelnde Möhre, den Silberstreif am Horizont, den

Rosinenbomber am blauen Firmament, das Ziel dieser langen Reise stets vor Augen, dass all diese Qual irgendwann ein gutes Ende finden und mich im Besitz strahlendweißer, in Reih und Glied stehender Beißwerkzeuge zurücklassen würde. In der Zwischenzeit nämlich hatte ich die Frau an sich für mich entdeckt und dankte meinem Vater innerlich, dass er jedes Jahr aufs Neue sein Weihnachtsgeld für meine Schönheit verballerte. Und so machte ich gute Miene zum bösen Spiel. Lose Klammer, feste Spange, an den Backenzähnen eingehakter Gesichtsbogen mit Sicherheitsgurt für den Restkopf, das volle Programm an schwerem funktionskieferorthopädischen Gerät. Beinahe klaglos ließ ich den Umstand über mich ergehen, alle sechs Wochen nach dem Nachziehen der Drähte tagelang ausschließlich Flüssignahrung in Form von Suppe und Apfelmus zu mir nehmen zu können. Fast ohne zu murren ertrug ich die unfassbaren Kopfschmerzen, die mich im Laufe der Spangenjahre immer wieder heimsuchten. Und trotz einer chronisch rezidivierenden Aphthose aufgrund der Brackets, die sich an den Innenseiten meiner Lippen rieben und sie mit offenen Ulcera übersäten, entfuhr mir kein Laut des Leidens. Ich blieb stark und standhaft, denn ich hatte: das Ziel.

Und so war es ein unvergleichlicher Freudentag, als Dr. Wüstling mir die Brackets für immer von den Zähnen knipste und ich glücklich mit einem neuen Gebiss in den Spiegel strahlte. Ich war wie neugeboren und befolgte in den nächsten Monaten gewissenhaft des Doktors Anweisung, regelmäßig den Retainer, der die Rückbewegung der Zähne verhindern sollte, bis zum endgültigen Ende der Behandlung zu tragen. Ich tat wie geheißen, denn ich fühlte: Noch nie war ich dem perfekten Gebiss so nahe gewesen, noch nie hatte ich so nah vor dem Ziel gestanden, eine Perlweiß-Polonaise wie mein Gebiss-Idol Tom Cruise zu besitzen.

Doch schon nach kurzer Zeit merkte ich, dass irgendetwas buchstäblich schiefzugehen schien. Was ich anfangs für einen Knick in der Optik des Badezimmerspiegels gehalten hatte, wurde mit jeder Woche mehr und mehr zur traurigen Gewissheit: Devolution im Mundraum! Nach einem halben Jahr standen meine Zähne fast wieder so schief wie vorher, ein weiteres halbes Jahr später hatte ich eine dramatische Unterkieferrücklage, die mich bis heute meine Zunge bei geschlossenem Mund durch die Ober- und Unterzahnreihe stecken lässt; ein Unterbiss im Übrigen, den ich vor Dr. Wüstlings Behandlung nicht gehabt hatte. Ich war am Boden zerstört. Dr. Wüstling hatte Scheiße gebaut und mich auf immer verschandelt. Meine Mutter war wütend, nein, sie war mehr als wütend, die Löwenmutter in ihr war geweckt worden. Und genau diese Löwin stand alsbald vor Dr. Wüstling, ein moralisch zerschmettertes Kind im Schlepptau. Kleinlaut gab er zu, die Herausnahme der Spange ein wenig zu früh veranlasst zu haben, es möge sein, dass ihm gewissermaßen ein Fehler unterlaufen sei. Ja, in der Tat, fuhr er fort, er sehe es jetzt anhand der Unterlagen, ein halbes Jahr zu früh sei sie herausgekommen, die Spange, ohne Zweifel seine Schuld, ja, ja, welch Pech, da seien die letzten Jahre jetzt dummerweise mehr oder weniger völlig umsonst gewesen und eine Nachbehandlung nahezu unvermeidlich, kurz: es tue ihm leid, aber das Ganze müsse noch mal von vorn und die Spange wieder rein.

In mir brachen alle Dämme, ich heulte Rotz und Wasser. Ich war seelisch gebrochen, ein Wrack. Die Löwin knurrte ein bisschen mehr, das Löwenjunge saß verzweifelt daneben und fühlte gleichfalls Wut in sich aufsteigen. Angesichts dieser drohenden Aggressionsflut und aus Angst, sich bald selbst bei sich selbst in Behandlung geben zu müssen, gab Dr. Wüstling klein bei und erklärte sich bereit, sofern ich einverstanden sei, die Nachbehandlung zu übernehmen, auf seine Kosten. Alle Augen richteten sich auf mich, man wartete auf mein Urteil. Man wartete nicht lange. Zu jenem Wichser, zu jenem Arschloch, jenem widerwärtigen Mistkerl, jener Nachgeburt einer Missgeburt, jenem Dreckspenner, jener Amöbe, jenem Fotzgesicht, jener schwanzlosen Bazille, ließ ich die Anwesenden sinngemäß wissen, zu jenem rausgeprokelten

73

Stück Scheiße, jenem Smegma einer dreckigen Cracknutte, jener Gichtlatte, jener Hackfresse, jener Orgasmusbremse, zu jenem verfluchten Hurensohn mit Genitalherpes im Endstadium würde ich garantiert nicht noch einmal in Behandlung gehen.

Meine Mutter hatte meinen Bruder und mich stets mit dem Ziel erzogen, keine englischen Jungs zu werden, die ständig fluchten, rumhoolten oder besoffen in der Gosse herumlagen. Dementsprechend lautete ihr Wahlspruch, wenn ich beim Mittagessen mal wieder ein neu aufgeschnapptes Schimpfwort wie beispielsweise »Scheiße« zum Besten gab: »Du nimmst Sachen in den Mund, die ich noch nicht mal mit der Hand anfassen würde.« Die Lücke in der Argumentationskette – sie hatte mich als Baby doch gewickelt – fiel mir erst Jahre später auf. An diesem Nachmittag jedoch kam kein einziges Wort des Tadels über die Lippen meiner Mutter. Im Gegenteil, sie hatte mich nie verständnisvoller angeschaut, mit Tränen in den Augen strich sie mir über den Kopf. Sie stand selbst kurz davor, einen Ehrenmord zu begehen, und sie hätte es zwar nie so wie ich gesagt, aber durchaus sinngemäß gedacht. Dr. Wüstling hisste die weiße Fahne und unterzeichnete flugs einen Überweisungsschein an einen anderen Kieferorthopäden, den wir eine Woche später mit neugewonnenem Mut aufsuchten.

Dieser machte den Eindruck, als sei er bereits seit halb sechs Uhr morgens übelst auf Speed. Er begrüßte meine Mutter und mich euphorisch, hüpfte fröhlich durchs Konsultationszimmer, fand alles spitze und versicherte uns, es werde alles gut. Dann ordnete er sein Holzspielzeug im Setzkasten neu, betrachtete verzückt seine Anne-Geddes-Bilder und widmete sich im Anschluss mir. Eine halbe Stunde lang beschäftigte er sich intensiv mit meinem Schädel, begutachtete meine Kieferknochen von außen, dann von innen, klopfte an meine Schläfe, inspizierte meine Zähne, analysierte meine Zunge, rammte mir seine Faust in den Rachen und röntgte mich anschließend einmal rundherum. Nachdem er sich hinreichend mit den Aufnahmen auseinandergesetzt hatte, proklamierte er erneut, dass alles gut werde, er habe es von Anfang an gewusst. Das sei alles gar kein Problem, er habe anhand unserer Schilderungen mit weitaus größeren Komplikationen gerechnet. Alles, was man tun müsse, sei letztendlich so gut wie nichts. Nur zwei, drei Behandlungsschritte: Mein Unterkiefer müsse gebrochen und anders ausgerichtet, die Zunge verkürzt und zwei Backenzähne entfernt werden, dazu noch die eine oder andere sich anschließende Schönheits-OP im Gesicht. Nicht mehr und nicht weniger. Was das Risiko angehe, nun ja.

»Könnt' sein, dass es schiefgeht.«

Könnt' sein, dass irgendwann mal ein Kieferorthopäde umgebracht wird.

War beim Friseur gewesen

War beim Friseur gewesen. Keine Ahnung, warum. Vielleicht weil meine Locken ein Eigenleben entwickelt hatten, vielleicht weil ich langsam, aber sicher als Statist bei Starsky & Hutch nicht mehr aufgefallen wäre, vielleicht weil ich das Gefühl hatte, langsam, ins gesellschaftliche Abseits zu driften, vielleicht weil das ständige Zwitschern der Rotkehlchenfamilie, die in meinen Haaren nistete, anfing zu nerven, vielleicht auch, weil am Sonntag G8-Gipfel war und ich nicht aus Versehen im Gefangenenlager des Rollstuhlmannes landen wollte, der Zugbegleiter hatte mich an diesem Morgen auffallend komisch begutachtet. War deshalb bei meinem Friseur gewesen, der neuerdings Coiffeur heißt und gerade mit einer Promenadenmischung zugange ist, als ich frohen Mutes den Salon betrete.

Ich begrüße ihn herzlich mit einem lauten Hallo, wie einen alten Freund, den man lange nicht mehr gesehen hat. Eine eisige Stille empfängt mich als Antwort, schlimmer: Ich werde minutenlang ignoriert, eine Behandlung also, die ich mir in jeder Buchhandlung, jedem Plattenladen und jedem Klamottengeschäft wünsche, aber nicht gerade beim Friseur meines Vertrauens. Ich überlege, ob ich beim Betreten des Salons aus Versehen den *Einen Ring* übergestreift hatte, weil selbst mein penetrantes Klimpern mit dem Schlüsselbund keine Reaktion hervorruft.

Ich starte einen neuen Versuch und adressiere meinen Coiffeur direkt mit einem freundlichen Hallo. Er blickt sich um in der Hoffnung, ich könnte jemand anderen gemeint haben.

»O. k.«, antwortet er misstrauisch und tritt einen Schritt zurück.

Ich breite vertrauenerweckend die Arme aus und sage ihm, dass ich es sei.

Ratlos schaut er mich an. Sein Blick buchstabiert »Verdammt, wer ist das?« in Versalien.

Mischa, komme ich ihm mit meinem Namen zu Hilfe und ergänze, dass ich schon seit fünf Jahren sein regelmäßiger Kunde sei.

Er mustert mich von oben bis unten, dann gleitet sein Blick wieder hoch und bleibt angewidert an meiner Lockenpracht hängen. Was mein Coiffeur sieht, missfällt ihm. Seine beiden Azubinen, die wie polnische Spargelstecherinnen nach einer Staffel »Germany's Next Topmodel« aussehen, flüstern sich irgendetwas zu und schütteln ihre ausladenden Creolen. Es klimpert unangenehm, fast wie Säbelrasseln.

Er entschuldigt sich abweisend und zuckt hilflos mit den Schultern. Er kann mich offensichtlich nach wie vor nicht einordnen.

Ich rechne hastig nach und ja, es könnten tatsächlich sechs Monate seit meinem letzten Besuch sein. Ich sage ihm, dass es schon länger her und eigentlich egal sei, ob er mich noch kenne, ich wisse ja, wie das sei, so viele Kunden und dann meine vielen Haare, und ob er Zeit habe, meinen Wuschelkopf wieder auf den gesellschaftlich akzeptierten Vordermann zu bringen. Mein Coiffeur geht stirnrunzelnd in einem großen Bogen um mich herum und begutachtet ES aus sicherer Entfernung. In seinen Augen entdecke ich eine latente Furcht, ich könnte mit meinen Haaren sein teures Mobiliar umschmeißen. Vorsicht, denke ich, Frisur schwenkt aus. Wäre er Autohändler, er würde mir den neuen Schnitt mit einem Verweis auf den viel kleineren Wendekreis ans Herz legen.

Eine solch angewiderte Faszination habe ich zuletzt als kleiner Junge erlebt, als der ungläubige Kinderarzt meine Windpockenerkrankung fotografisch festhielt. In meinem Falle zählte er nicht die roten Pocken, er zählte die verschwindend geringe Anzahl unbefleckter Stellen. Ich befürchte, dass ich seither in allgemeinmedizinischen Lexika unter W wie Windpocken als Worst-Case-Szenario durch die Weltgeschichte geistere. Doch bevor ich das-selbe Schicksal im Friseurbereich erleiden kann, erklärt sich mein Coiffeur bereit, meinen Fall zu übernehmen. Er sagt tatsächlich: »Fall.«

Mittlerweile strahlt das versammelte Coiffeur-Team eine Aura offener Feindseligkeit aus, ich bin wohl unwillkommen und – wie ich bald merke – eine nicht zu unterschätzende optische Entgleisung. Man setzt mich an den hintersten Frisiertisch, nimmt hastig die hier zwischengelagerten Frauenzeitschriften weg, wischt mit einem trockenen und vor Staub und Dreck von selbst stehenden Handtuch kurz über den beinahe blinden Spiegel und kehrt anstandshal-ber ein paar ältere Haare am Fuße des Stuhls weg. Das sei ja alles nicht schlimm, sage ich, man müsse meinetwegen keine Umstände machen, während der Maître sich mei-ner Tolle widmet und mit spitzen Fingern daran herum-zupft, er stößt ein leises »Ha!« aus, und ich interpretiere, vermutlich richtig: Er würde diese Umstände jederzeit dem Werkeln an dem haartechnischen Zustand vorzie-hen, den ich euphemistisch »Meine Frisur« nenne.

Fünf Minuten lang sagt er nichts, dann folgt ein kurzes, aber schmerzvolles »Oh-oh!«. Genau wie in der zahnärzt-lichen Behandlung, im OP, im Rahmen der Autoinspek-tion und in der Nuklearkriegsüberwachung auch hier eine eher unwillkommene Äußerung.

Was los sei, frage ich und spüre einen Hauch von Panik in mir aufsteigen. Die da, beginnt er und deutet auf meine Haare, während er sich Luft zufächelt, müsse er vorher waschen, sonst komme er da gar nicht erst durch; und seine Stimme klingt, als sei er unterwegs mit Zielrichtung Herz der Finsternis. Bilder von Dschungelexpeditionen mit Macheten und afrikanischen Gepäckträgern tauchen vor meinem inneren Auge auf, ich sehe verendende weißhäutige Malariaopfer, dicke summende Tsetsefliegen und exotische schwarze Menschen, die zu ihren Göttern um Vergebung beten, weil die ungelenken Weißen ihre heiligen Stätten entweiht haben. Und mittendrin mein Coiffeur, der seinen Safarihelm vom Kopf nimmt und resignierend seinen treuen Gefolgsleuten verkündet, da komme man nicht durch, er habe ja gleich gesagt, die müsse er waschen. Nur gut, denke ich, dass der große Alexander von Humboldt nicht mit meinem Coiffeur verwandt war, Daniel Kehlmann hätte heute sonst ein Einkommensdefizit. Ich verdränge diese Bilder wieder und sage, es sei kein Problem, das Waschen sei ja im Preis inbegriffen, und verweise auf sein Mittwochsangebot. Mein Coiffeur schüttelt sein Haupt. Das Angebot gelte nicht für Härtefälle, sagt er und geleitet mich zum Waschplatz. Gerade, wenn man nicht damit rechnet, ist das Leben am bösesten. Ich lehne mich zurück und spüre weit entfernt von meiner Kopfhaut Wasser plätschern. Sanft schlafe ich ein.

Wie es denn sei, fragt mein Coiffeur und weckt mich. Ich bin kurzfristig mit der Fragestellung überfordert. Wie was denn sei, entgegne ich. Seine Kopfhautmassage, antwortet er wirsch. Er habe schon angefangen?, frage ich perplex, da ich bislang außer Wasser nichts gespürt hatte. Ich höre ein Schnaufen hinter mir, dann ruckelt mein Kopf hin und her und siehe da – zwei, drei spitze Finger, die endlich durch meine Haare bis zur Kopfhaut durchdringen. Ein nicht unangenehmer, im Gegenteil, ein wohliger Schauer gleitet über meine Kopfhaut meine Wirbelsäule hinab. Schön, sage ich, das könnte ich mir ewig antun. Wir seien fertig, teilt er mir mit und geleitet mich zum Frisiertisch, auf den eine wandelnde Creole eine altersschwache Kunstblume gestellt hat.

Er müsse nur gerade seine Spezialtasche holen, sagt er, und kehrt kurz darauf zurück. Spezialtasche, ha ha, lache ich unsicher und beobachte konsterniert, dass sie noch eingeschweißt und völlig unbenutzt ist. Ein kleiner Kopfschmerz macht im Schläfenbereich auf sich aufmerksam, ich schließe meine Augen und habe eine kurze Vision meines Coiffeurs, der schnaufend schweres hydraulisches Gerät aus der Tasche holt und mit der Rettungsschere an meinem Kopf zu hantieren beginnt. Ich blicke wieder in den Spiegel und beobachte den Maître, der sich am Kopf kratzend der Gebrauchsanleitung seiner Spezialtasche widmet, und ich erwarte unterbewusst, jeden Augenblick einen Berner Sennenhund mit Rumfass am Halsband um die Ecke kommen zu sehen. Doch dann geht es offensichtlich los mit den Bergungsarbeiten, er reicht mir ein Magazin, justiert meinen Kopf in die richtige Position und bedeutet mir, dass ich meine Aufmerksamkeit dem Magazin widmen darf. Der Künstler wünscht, nicht beobachtet zu werden.

Ein »Oh-oh!« reißt mich aus meiner Lektüre, das zweite »Oh-oh!« an diesem Tag, und es klingt nicht verheißungsvoller. Ich blicke auf. Mein Coiffeur hält seine Spezialschere in die Luft, dessen zweite Klinge exakt in der Mitte durchgebrochen ist. Ich habe da zwei bis drei sehr herausfordernde Wirbel unter der Oberfläche, sagt er und schüttelt ob der kaputten Schere traurig den Kopf. Ich versuche, ihn davon zu überzeugen, es von der humorvollen Seite zu betrachten. Das sei ihm wahrscheinlich noch nicht so oft passiert, scherze ich und lache. Das sei ihm noch nie passiert, antwortet er, ein Lachen vermissen lassend, das das Eis gebrochen hätte, und er fragt, wer ihm jetzt wohl den Schaden begleiche. Das sei dann vermutlich ich, rate ich ins Blaue hinein und lande einen Zufallstreffer.

In den nächsten zwei bis drei Stunden versuche ich, nicht hochzugucken, sondern mich auf meine Lektüre zu konzentrieren, und ignoriere das schwere Atmen des

Coiffeurs und die unangenehmen Geräusche, die normalerweise nur das Zertrennen von Stahlwolle und Aluminium hervorbringt.

Ein Räuspern weckt meine Aufmerksamkeit. Mein Coiffeur ist offenbar fertig, mit sich und der Welt, er hat das Rüschenhemd gewechselt, lässt sich von einer Creole ein Wasser bringen und tupft sein Gesicht ab, das rot wie ein Pavianarsch leuchtet. Er hält einen Spiegel hinter meinen Kopf, mit dem ich das Ausmaß der Katastrophe begutachten soll. Offenbar erwartet er Lob oder Ähnliches. Och ja, beginne ich unverbindlich, das gehe wohl. Das war anscheinend nicht, womit er gerechnet hatte. Mein Coiffeur schaut mich mit einem Gesicht an, als habe man einem Feuerwehrmann nach dem elften September vorgeworfen, sich nicht ausreichend bemüht zu haben. Er guckt mich an wie ein Rot-Kreuz-Mitglied, dem man weite Teile der humanitären Katastrophe in Darfur zur Last legt. Er wirft mir einen Blick zu wie ein zu spät gekommener Rettungshubschrauberpilot, dem man vorhält, er hätte ja einfach schon mal vorsorglich losfliegen können, man wisse ja nie, wann solche Unglücke geschehen. Ich merke, dass dies einer der Momente ist, die Diplomatie erfordern. Aber Diplomatie zählt nicht zu meinen Stärken.

Ich fand's vorher schöner, sage ich, und meine Stimme zittert ein wenig ob der verschwundenen Locken, ich vermisse meine Haare jetzt schon. Ich vermisse sie sehr. Mein Haupt sieht aus wie New Orleans nach Katrina, und ich wünsche mir hundert Ohren für hundert Creolen, um das Unglück zu verdecken. Nie wieder, denke ich. Nie wieder. Es gibt Gesichter, sagte eine gute Freundin einmal, die könnten froh sein über jedes einzelne Haar, das sie verdecke. Sie hatte recht.

Ich habe einen Kloß im Hals und das Schlucken fällt mir schwer. Ich vermisse meine Haare, teile ich dem Coiffeur meines Vertrauens mit. Ich vermisse sie sehr.

Das sei kein Problem, sagt mein Coiffeur, und die Creolen und er reichen mir zwei prall gefüllte Marktkauftüten. Voll mit meinen Haaren, bis zum Rand. Bitteschön, sagt mein Coiffeur, der alten Zeiten wegen, viel Spaß damit. Und ansonsten, die Schadstoffsammelstelle habe montags bis donnerstags von ·10–16 Uhr geöffnet. Er allerdings habe jetzt bis auf weiteres geschlossen, aber vor meinem Abschied würde er dann doch mal gern über seine Gefahrenzulage sprechen.

Drüben

Man stelle sich einmal vor, man habe einen Penis. Dieser habe schon immer zwischen den Beinen, am südlichsten Rand des Torsos, gehangen und einem seit jeher viel Freude bereitet. Man stelle sich ferner vor, dieser Penis gehöre von einem Tag auf den anderen nicht mehr einem selbst, sondern dem Nachbarn aus dem dritten Stock, hänge einem selbst aber nach wie vor zwischen den Beinen. Die Zeit verginge. Man sei ja für jeden Spaß zu haben, dächte man dann nach einigen penislosen Jahren, aber irgendwann sei es auch mal gut, und so fordere man den Penis zurück. Nun stelle man sich vor, der Nachbar aus dem dritten Stock weigere sich, er prahle obendrein mit dem fremden besten Stück und schreibe seinen Namen auf ihn und blamiere einen dergestalt. Käme es so, man wäre pikiert. Und man dächte über Konsequenzen nach und setzte sie in die Tat um und klemmte den Harnleiter ab. Soll der Nachbar doch zusehen, wie er mit einem abgeklemmten Penis zurechtkommt. Man stelle sich einmal vor, so etwas passierte.

Genau das passierte meinem Geburtsort Gibraltar. Gibraltar, das ist ein kleines Halbeiland an der südlichsten Spitze Spaniens und einer der lustigsten Orte der Welt. Der Felsen im Meer wird von Affen beherrscht, die Banden bilden und marodierend durch die Wohnviertel ziehen, diese Wohnviertel bestehen beinahe ausschließlich aus Treppenstufen, und die einzige Zufahrtstraße zur Halbinsel wird von der Landebahn des Flughafens gekreuzt – wenn die Flieger landen, leuchtet die Ampel für PKW rot.

Gibraltar ist seit 1830 eine britische Kronkolonie, gehörte aber in seiner Geschichte schon mal ungefähr jedem, der Bock darauf hatte und auch nur ansatzweise mit einem Degen oder ähnlichem Kriegsgerät umgehen konnte. Auf Gibraltar wurde es nie langweilig. So konnte es den Einwohnern passieren, dass sie als Mauren zu Bett gingen, als Spanier aufwachten, nur um pünktlich zum Fünf-Uhr-Tee der Königin zuprosten zu können – das Leben war eine einzige Überraschungsparty. Endgültig verlor der Spanier die Felseninsel am 4. August 1704 an die Briten, als Prinz Georg von Hessen-Darmstadt im Auftrag der englischen Admiralität Gibraltar besetzte. Dabei wurde dem Spanier seine ureigene Mentalität zum Verhängnis – die britische Flotte überraschte ihn lustigerweise während der Siesta am Nachmittag. Und wer den Spanier kennt, weiß, wie heilig ihm seine Siesta ist. Der Spanier lässt sich lieber seinen Penis annektieren, als dass er sich während seines Nachmittagsschläfchens stören lässt.

Natürlich wurmte das den Spanier im Nachhinein. Es wurmte den Spanier sehr. Und mit jedem Jahr wurmte den Spanier die Tatsache mehr und mehr, dass seine Säule des Herakles von einer Horde fettleibiger, sonnenverbrannter, hässlicher Engländer besetzt war. 1969 wurde es dem Spanier endgültig zu viel. Des britischen Badetuchs überdrüssig, wandte er sich an seinen Regierungschef mit den Worten: »Man stelle sich einmal vor, man habe einen Penis …« Der Rest ist Geschichte. Der Spanier machte die Grenze zu Gibraltar bis auf weiteres dicht. Und was das für Komplikationen mit sich brachte, erlebten meine Eltern am eigenen Leib.

Wollte man nämlich nun nach Spanien rüber – um Freunde zu besuchen oder einfach mal etwas anderes zu sehen als Felsen und Affen –, musste man ein Ticket für ein Schnellboot erwerben, welches einen nach Tanger in Marokko übersetzte. Dort durfte man sich dann mit den dortigen Grenzbehörden auseinandersetzen, nur um nach stundenlanger Zollschikane wieder ein Boot zu nehmen, welches einen dieses Mal zurück auf die europäische Seite, nach Spanien, transferierte. So war man dann nach einem halben Tag endlich auf dem spanischen Festland und konnte sich mental schon mal auf den Nachhauseweg vorbereiten, der denselben Zirkus beinhaltete, bloß rückwärts. Ein unterhaltsamer Spaß für die ganze Familie.

Nicht lange nach meiner Geburt kehrte meine Familie Gibraltar den Rücken – mein Vater fand dort keine Arbeit mehr, zudem wollte er seinen Sohn nicht in einem hermetisch von der Außenwelt abgeschotteten Kleinststaat aufwachsen lassen. Wir landeten über Umwege in Westdeutschland. Wie passend, war Westdeutschland doch die Außenwelt eines sich abschottenden Kleinststaates.

Der lustigen Grenzspielchen längst nicht überdrüssig, packten meine Eltern meinen Bruder und mich eines Tages ins Auto, um Freunde drüben zu besuchen. Sie wurden nicht enttäuscht. Als wollte der tapfere DDR-Grenzer uns das Gefühl geben, zu Hause zu sein, sorgte er dafür, dass wir drei, vier Stunden am Grenzübergang Helmstedt standen – als Brite war man ja quasi automatisch ein Spion des imperialistischen Westens, besser also gleich doppelt und dreifach die Personalien überprüfen.

Im Warenhaus am Alexanderplatz kaufte meine Mutter Schulhefte für ein ganzes Jahr auf Vorrat, zum Preis eines Westschulhefts bekam man hier gleich zehn. Dafür gab's keine Feuchttücher. Zumindest nicht an jenem Tag. Zwei Jahre vorher, so unterrichtete uns die Verkäuferin, da habe es welche gegeben. Klar, blöd von uns, erst jetzt danach zu fragen, das sahen wir ein.

Abends fuhren wir wieder gen Westen zurück, am Checkpoint Charlie stellten wir uns in die Autoschlange. Vor uns wurde ein holländisches Auto kontrolliert. Immer wieder stach der ostdeutsche Beamte seinen Kontrollstab in die Tanköffnung und versuchte ihn so weit als möglich einzuführen – die gängige Praxis, um Schmuggelware oder Republikflüchtlinge zu entdecken. Der Stab blieb aber jedes Mal schon nach zehn Zentimetern stecken, was der arme Fahrer damit zu erklären versuchte, dass er ein gasbetriebenes Auto fuhr, dessen Tank anders konstruiert war. Im Osten jedoch kannte man so etwas nicht, das war grundsätzlich schon mal höchst verdächtig. Und so musste die holländische Familie mit ansehen, wie ihr Auto noch an Ort und Stelle auf der checkpointeigenen Hebebühne bis auf die Einzelteile zerlegt wurde. Wir haben nie erfahren, was aus der Familie geworden ist. Ich bin mir sicher, dass die Grenzer den Wagen nicht wieder zusammengebaut bekommen haben. Vermutlich ist der Holländer irgendwann völlig verzweifelt, nach langen Wanderjahren in der DDR, im Bördeland gestrandet, wo er sich niederließ und Wohnwagen für Trabbis baute.

Wir überließen die Holländer ihrem Schicksal und übereigneten unser eigenes der Willkür der ostdeutschen Grenzpolizei. Mit den Pässen war alles in Ordnung, bloß mein zweijähriger Bruder entging nur knapp einer Verhaftung, da er im Laufe des Ausflugs seinen Schuh irgendwo in Ostberlin verloren hatte und man ihm den Verkauf verbotener Westware an ostdeutsche Bürger unterstellte. Die Intelligenzbestien an der Grenze wollten allen Ernstes nicht meine Eltern, sondern meinen kleinen Bruder dafür in Verantwortung nehmen. Nach zähen Verhandlungen durfte mein Vater den Kleinen dann doch wieder ins Auto packen.

Das war unser letzter Besuch drüben. Kurz darauf gab es drüben nicht mehr. Der Osten war mit einem Male weg,

meine DDR-Mark, die ich als Souvenir hatte behalten dürfen, noch wertloser als zuvor, und im Revell-Modellbau-
katalog tauchte bald ein Trabbi im Sortiment auf.

Die Geschichte behauptet ja, dass Kohl der Vater der
Einheit ist, dass Gorbi seine Finger im Spiel hatte, auch
Reagan soll zu ihr beigetragen haben, von David Hassel-
hoff ganz zu schweigen. Alles Lüge. Rolf war's. Denn
Mauern einreißen oder kalte Kriege abwickeln kann jeder.
Aber erst mit Rolf, der gelben Hand, wurde einem so richtig fünfstellig klar: Ja, verdammt! Wir sind ein Land! Und
die Wiedervereinigung, die ist schon gut so. Denn man
stelle sich einfach mal vor, man hätte keine Beine.

Ich war nie ein Kind der Straße

Von unserer Wohnung in Hanglage aus schaute ich oft sehnsüchtig in Richtung der Hochhaussiedlungen, dorthin, wo die wirklich coolen Kinder lebten. Die Kinder der Straße, die die tollen Sprüche draufhatten und zu denen die anderen Kinder aufblickten.

Ich, ich war kein Kind der Straße und ich würde nie eins sein, denn die Grundlagen für einen solchen Lebensweg waren mir von Haus aus verwehrt. Ich wuchs behütet auf, in Familienverhältnissen, wie sie intakter nicht hätten sein können. Jeden Abend stand ein warmes Essen auf dem Tisch, sonntags wurde der Rasen gemäht, an meinem Fahrrad waren alle vorgeschriebenen Reflektoren angebracht, und anstelle von Löchern hatten meine Jeans Micky-Mouse-Flicken. Eine Kindheit wie aus dem Bilderbuch.

Doch eine Seite weitergeblättert taten sich die Tücken der behüteten Kindheit auf wie eine Bärenfalle am Yukon. Vaters mit an Sicherheit grenzender Wahrscheinlichkeit gut gemeinter Rat, es sei auch für Jungs völlig OK zu weinen, führte nach der ersten Prügelei direkt im Anschluss zur zweiten. Auch die Gymnastiktherapie aufgrund von Koordinationsschwierigkeiten war nicht von Vorteil, zumindest nicht, nachdem meine Klasse Wind davon bekommen hatte. Zudem wohnte ich unglücklicherweise in unmittelbarer Nähe der Schule und konnte deshalb nie mit meinen Klassenkameraden den langen und gefährlichen, somit coolen Heimweg antreten. Dementsprechend verpasste ich wichtigste Lektionen in lebensnotwendigen Fächern wie: »Der günstigste Zeitpunkt, eine vierspurige Straße bei Rot zu überqueren«, »Laternen austreten, ohne sich dabei den Fuß zu brechen« und »Wie ein Mann und nicht wie ein Mädchen spucken (nämlich von ganz tief unten hochholen und dann bitte nicht pft pft pft in alle Himmelsrichtungen)«.

All das lernte man in den ersten Klassen auf der Straße auf dem Nachhauseweg, doch ich als gutbürgerliches, behütetes Kind war dazu verdammt, ein trostloses Dasein als Einzelkämpfer zu fristen, alleingelassen mit mir selbst und mangels Straßenkredibilität geradezu prädestiniert, ein Opfer des Grundschul-Darwinismus zu werden.

Aber ich stellte mir auch selbst gern ein Bein. Auf Bäume klettern mochte ich nicht – meiner Höhenangst wegen. In Fledermaushöhlen steigen wollte ich nicht – meiner Klaustrophobie wegen. Und auf dem Bolzplatz wurde ich natürlich grundsätzlich als Letzter gewählt – meiner X-Beine wegen. Und während die anderen als »Klinsi«, »Kalle Riedle« oder »Icke Hässler« durchs Spiel dribbelten, blieb für mich nur ein Jugendidol über – Heulsuse Andreas Möller.

Überhaupt Fußball. 1990 wurde Deutschland in Italien Weltmeister und ich wünschte mir nichts sehnlicher als ein Deutschland-Trikot von meinen Eltern. Ich bekam stattdessen den Rat, darauf hinzusparen, so würde ich gleichzeitig lernen, Dinge wertzuschätzen. Ich sparte und sparte und sparte, und 1994 endlich, vier Jahre später, kurz nach der WM in den USA, hatte ich mein Geld zusammen. Glücklicherweise waren Deutschland-Trikots grad im Sonderangebot, und so konnte ich mir das gesamte Set leisten: Hemd, Hose, Stutzen. Stolz lief ich bei der nächstbesten Gelegenheit auf dem Bolzplatz auf. Dieser Tag sollte als Stalingrad in meine Geschichte eingehen. Von lachender Häme begleitet, trat ich weinend direkt wieder den Heimweg an. Einen unmittelbaren Zusammenhang zwischen dem frühen Ausscheiden Deutschlands und dem günstigen Trikotpreis zu ziehen, nein, das war mir mangels Straßenkind-Durchblick nicht in den Sinn gekommen. An diesem Abend wurde ich England-Fan. Wenn schon leiden, dann richtig.

So und ähnlich ging es weiter, das Unvermögen war mein Hirte, und ich wanderte im finstern Tal auf dem blutigen Pfad der Fettnäpfchen. Ich war kein Kind der Straße, schlimmer, ich war normal. Zudem hatte ich ja meine Vorhaut nicht mehr. So war ich in der Jungendusche nach der Seepferdchenprüfung und beim abendlichen Entkleiden im Schullandheim Gegenstand allgemeiner Bewunderung – allerdings eher der Sorte, die man im klassischen Horrorkabinett antrifft. Ja, als externer Beobachter hätte man wahlweise Mitleid oder seinen Spaß mit mir gehabt. Ich musste alles auf die harte Tour erlernen.

Schön ist's, wenn man als behütetes Kind noch ärmere Schweine um sich herum weiß, an denen man seinen Frust auslassen kann. Bemitleidenswerter als ich war damals nur eine Spezies – das Lehrerkind. Das Lehrerkind an sich war so ziemlich das bemitleidenswerteste Wesen der Schule.

In unserer Klasse gab es nur eins von dieser Sorte – ein bedauernswertes Opfer völlig geistesgestörter Lehrereltern. Und wenn wir als Kinder damals nicht solche abgewichsten kleinen Antichristen gewesen wären, hätten wir es mittels Sicherheitsratschnellbeschluss sofort in unser Schutzprogramm aufgenommen. Aber stattdessen gab es Sanktionen und Flächenbombardements. Hätte es damals schon die Simpsons und speziell die Flanders-

Kinder als pädagogische Einstiegshilfe in die Materie gegeben, dem armen Schwein wäre vieles erspart geblieben.

Zugegeben – er hatte es nicht leicht. Seine Eltern ernährten ihn biologisch – der Gesundheit zuliebe und wegen Tschernobyl. Seine Kleidung war Hälfte Secondhandladen, Hälfte RENO-Schuhgeschäft – »politically correct« eben. Und sie hatten ihm um der Völkerverständigung willen einen türkischen Vornamen gegeben. Das klappte nicht ganz so wie geplant. Die türkischen Gastarbeiterkinder fanden das blöd und verprügelten ihn genauso oft wie wir. Für sie war Torben-Mustafa ein Fugazi, ein falscher Fuffziger.

Vom ersten Tag an, als seine Mutter, unsere Klassenlehrerin, sich mit den Worten vorstellte »Ich bin Frau Müller-Kampe, und hier vorne sitzt mein Sohn, Torben-Mustafa, aber glaubt nicht, dass ich ihn anders als jeden Einzelnen von euch behandeln werde«, ja, vom ersten Tag bis weit in die vierte Klasse hinein vertraten wir mit pathologischer Präzision, als seien wir Napoleon, eine Politik der »verbrannten Erde« ihm gegenüber.

Eines Morgens erschien er nicht zur Schule, am nächsten wieder nicht. Nach einer Woche machten wir uns Sorgen und fragten Frau Müller-Kampe, wo ihr Sohn denn sei. Torben habe chronischen Durchfall, erfuhren wir, aber das sei kein Grund, ihn zu bemitleiden, schließlich behandle sie ihn ja auch nicht anders als uns alle.

Röchel-Chris erzählte, dass er immer Durchfall bekomme, wenn er Angst habe. Das wäre ja auch kein Wunder bei diesen Eltern, gab ich zu bedenken. Die würden ihn schlagen, rief der kleine Michael. Wayne wusste von einem Käfig zu berichten, in dem die Müller-Kampes Torben-Mustafa nach der Schule gefangen hielten. Und Jan ging so weit zu behaupten, dass das alles von diesem ungesunden Biofraß käme, keine Frage.

Plötzlich tat uns Torben-Mustafa unfassbar leid. Wir bezweifelten, dass die Genfer Konvention auch nur prozentual eingehalten worden war. Während einer der vielen Sitzungen unserer Bande beschlossen wir ein Aktionsbündnis »Pro Torben-Mustafa«, mit dem erklärten Ziel, unseren Klassenkameraden aus diesem Beinahe-Gulag, das sein Leben geworden war, zu befreien. Sein restliches Leben würde sonst ein einziges Horrorszenario: mit 15 ein Alkoholproblem, mit 16 schwarz gefärbte Haare, Ledermantel, mehrere Piercings und Kajal unter den Augen, mit 17 Selbstmord, nur einige herzergreifende Gedichte zurücklassend! Wir dachten damals natürlich in anderen Kategorien – nie würde einer mit ihm Panini-Sammelbilder tauschen wollen, er würde niemals eine Einladung zum Kindergeburtstag erhalten, und für den Rest seines Lebens müsste er beim Brennballspielen in der Mädchenmannschaft mitmachen – die Essenz des Ganzen war letztendlich die gleiche: Torben-Mustafa musste via Gruppendynamik wieder ins Sozialgefüge unserer Klasse zurückgeführt werden.

Aber Frau Müller-Kampe hielt Wort: Sie behandelte ihren Sohn weder besser noch schlechter als die anderen, sie behandelte ihn sehr schlecht. Bevor einer von uns »UN-Waffenembargo« hätte sagen können, wurde er kurzerhand auf die Waldorfschule geschickt.

Trotz allem – irgendwo tief unten in unseren dunklen und schwarzen Kinderherzen mochten wir ihn, unseren Torben-Mustafa, und ich war froh, jemanden in der Klasse zu haben, der von meiner chronischen Normalität ablenkte.

Jahre später, wir glaubten es selbst kaum, sahen wir ihn wieder, er war mittlerweile Türsteher in einer Diskothek. Aber einzig ich gewann seine Gunst und somit Zutritt zu seiner Diskothek, indem ich ihm seine vor vielen Jahren verloren geglaubte Thomas-Hässler-Sammelkarte zurückgab. Ich konnte ihm glaubhaft versichern, viel dafür getan zu haben, sie für ihn, für ihn und nur für ihn zurückzubekommen. Die anderen guckten doof und blieben außen vor, während ich einen Cocktail schlürfte.

Die Wahrheit ist: Ich selbst habe Torben-Mustafa die Thomas-Hässler-Sammelkarte damals geklaut, als wir

nach dem Sportunterricht seinen Schulranzen versteck-
ten. Ich war zwar nie ein Kind der Straße und ich werde
nie eins sein. Aber gelernt hatte ich trotzdem etwas, dort
draußen auf den steinigen und blutigen Pfaden, die diese
unsere Straßen waren …

Neulich im Winter

Neulich im Winter, kurz vor Weihnachten, ich am Bahnhof, es hatte grad geschneit. Super, denke ich, hoffentlich rutsche ich nicht aus, denke ich, und rutsche im nächsten Augenblick aus. Aber nicht nur irgendwie, sondern mit allen Schikanen, inklusive des armseligen Versuchs, das Gleichgewicht doch noch zu behalten, verbunden mit dem Verlieren desselben. Nach mehreren Salti mortali und Metern komme ich, alle viere von mir gestreckt, zum Liegen.

Meine Spontandiagnose ergibt: Nichts gebrochen, alles an seinem Platz. Glück gehabt, denke ich und öffne die Augen. Ich blicke in ein halbes Dutzend besorgt dreinschauender Gesichter.

»Das sah nicht gut aus«, sagt eine Dame, die ein kleines Mädchen an der Hand hat.

»Ein furchtbarer Sturz«, pflichtet ihr ein Mann mit Mütze bei.

»Es ist aber auch glatt hier«, sagt eine nette Dame mittleren Alters.

»Lebt er denn überhaupt noch?«, fragt der Mann mit Mütze.

Ich zwinkere leicht und räuspere mich.

»Warum tut denn niemand was?«, fragt die Dame mit dem kleinen Mädchen verzweifelt.

»Wir brauchen einen Arzt!«, ruft die nette Dame mittleren Alters besorgt.

»Mir geht's gut«, sage ich, »nichts passiert, alles in Ordnung.«

»Das ist bestimmt der Schock«, erklärt der Mann mit Mütze den versammelten Schaulustigen. Sie nicken aufmerksam.

»Einfach umgefallen, der junge Mann, ich hab's genau gesehen«, erklärt eine gebrechliche alte Frau mit Rollator.

»Ich bin Arzt«, ruft ein Mittdreißiger und drängt sich durch die Gruppe der Schaulustigen.

»Ich auch«, ruft der Mann mit Mütze.

»Wirklich?«, fragt der Mittdreißiger misstrauisch.

»Nein«, sagt der andere kleinlaut. »Aber ich kenne einen.«

»Mir geht's gut«, sage ich erneut.

Der Arzt fühlt meinen Puls, spreizt

meine Augenlider und hält mir die Fotoleuchte seines Handys ins Gesicht. Er runzelt die Stirn.

»Der sieht nicht gut aus«, sagt er.

»Wir sollten seine Angehörigen verständigen«, sagt die nette Dame mittleren Alters. Die Idee findet sofort Anklang bei den Zuschauern, wird eifrig diskutiert und für gut befunden. Mehrere Menschen durchwühlen meine Taschen.

»Wieder mal so ein Besoffener, was?«, ruft ein neugierig dreinblickender fülliger Mann mit Schnauzbart. »Eine Schande für das Stadtbild, eine Schande.«

»Einfach so umgefallen, einfach so«, sagt die gebrechliche alte Frau und nimmt in einem Akt halsbrecherischer Unvernunft beide Hände vom Rollator, um die Szene zu beschreiben.

Der Arzt spreizt meine Augenlider erneut, diesmal ein wenig weiter, und fächert sich meinen Atem zu.

»Ich schließe einen CO_2-Intox vorerst aus«, sagt er und spricht diese Diagnose in das Diktiergerät seines Handys.

»Hier ist sein Pass«, ruft die nette Dame mittleren Alters und händigt ihn dem Mann, der einen Arzt kennt, aus.

»Alkoholiker, richtig?«, tönt der füllige Mann mit Schnauzbart.

»Nein, vermutlich nicht«, antwortet der Arzt.

»Oh«, sagt der füllige Mann mit Schnauzbart enttäuscht.

»Ich hab den Namen«, sagt der Mann mit Mütze, der einen Arzt kennt, und durchblättert meinen Pass. »Ferrollett heißt er.«

»Das ist aber ein komischer Name, Mami«, sagt das kleine Mädchen.

»Das wird Vérolleeh ausgesprochen«, protestiere ich.

»Mach dich nicht über den Migranten lustig, mein Herzi«, rügt die Mutter des kleinen Mädchens.

»Geboren in Gibraltar«, stellt der Mann, der einen Arzt kennt, fest.

»Was ist ein Migrant, Mami?«, fragt das kleine Mädchen.

»Ferrollett«, sagt der füllige Mann mit Schnauzbart, »irgendwas sagt mir der Name.«

»Was ist denn Gibraltar?«, fragt eine unbekannte Stimme aus der Gruppe der Schaulustigen.

»Ein Migrant«, sagt die Mutter des kleinen Mädchens, und ich sehe, wie ihr Hirn Schwerstarbeit leistet, »ein Migrant ist jemand, der woanders besser aufgehoben wäre.«

»Und Gibraltar, das ist die Hauptstadt von Singapur«,

sagt nun die nette Dame mittleren Alters nicht ohne Stolz. »Waren mein Mann und ich mal vor einigen Jahren. Liegt in Asien«, fügt sie noch hinzu.

»Wie aus dem Nichts, einfach umgefallen, ich hab's genau gesehen«, ruft die gebrechliche alte Frau, einen Fuß auf den Rollator gestellt, um sich größer zu machen, und um die Aufmerksamkeit kämpfend, die sie zwischenzeitlich verloren hat. »Einfach umgefallen, genau wie bei der Hiltrud damals.«

»Mami, Mami, der Mann hat ja Haare in der Nase«, ruft das kleine Mädchen, das bereits beim nächsten Thema ist, und zeigt ganz vulgär mit ihrem nackten, ausgestreckten Finger auf mich.

»Woher kenn ich das nur, Ferrollett?«, denkt der füllige Mann mit Schnauzbart laut nach.

»Das ist etwas ganz Normales, Herzi«, flüstert die Mutter gut hörbar für alle, »Haare in der Nase kriegen Männer nun mal ab einem gewissen Alter.«

Ich mache mir eine gedankliche Notiz: Nasenhaarschneider kaufen. Wie mein Vater sagt: Ab 25 geht's abwärts.

»Aus Singapur also«, sagt der Mann, der einen Arzt kennt, und guckt mich mit gerunzelter Stirn an. »Aber er hat doch gar keine Schlitzaugen.«

»Das ist der Schock«, erklärt der Arzt. »Da weiten sich die Augen automatisch.« Die Zuschauer nicken aufmerksam.

»Mir geht's gut«, sage ich erneut, ein wenig lauter. Die Zuschauer nicken immer noch aufmerksam. Es gilt aber offenbar nach wie vor dem Arzt.

»Wir müssen uns ihm irgendwie verständlich machen, damit wir wissen, was ihm fehlt«, sagt der Arzt mit lauter Stimme, während er nach wie vor meinen Puls fühlt. »Weiß jemand, welche Sprache man in Gibraltar spricht?«

»Ferrollett«, sagt der füllige Mann mit Schnauzbart und klatscht sich vor die Stirn, »jetzt weiß ich's wieder, den Namen hab ich doch auf meiner Fahndungsliste.«

»Singapurisch spricht man da natürlich«, ruft die nette Dame mittleren Alters, und an ihre Nachbarn gewandt: »Mein Mann und ich waren mal vor einigen Jahren da. Liegt in Asien.«

»Ferrollett, warum bin ich nicht gleich draufgekommen«, ruft der füllige Mann mit Schnauzbart, hektisch in seiner Tasche kramend, und stellt sich dann den Zuschauern vor:

»Batzmann, GEZ!«

Die Reihen unserer Zuschauer lichten sich, einige neu hinzugekommene Schaulustige stehlen sich klammheimlich davon und trollen sich in Richtung Ausgang. Die anderen bleiben und werden durch Neuankömmlinge verstärkt. Zwei rosa gekleidete, vermutlich türkische Jugendliche drehen ein Handyvideo mit mir in der Hauptrolle. Der neu entstandene Rummel passt dem Arzt gar nicht.

»Der Patient darf sich nicht bewegen«, sagt er und versucht mich zu fixieren.

»Keine Sorge. Da achte ich schon drauf«, sagt Batzmann von der GEZ.

»Ach, was erzähl ich denn da, das war doch gar nicht Hiltrud, die umgefallen ist«, sagt die gebrechliche alte Frau und tippt dem Mann, der einen Arzt kennt, auf die Schulter, »das war die Frau von Professor Steinmann, die ist auch umgefallen, genau wie der ausländische junge Mann, ich hab's genau gesehen, einfach umgefallen ist der, das können Sie mir ruhig glauben.«

»Steinmann«, murmelt Batzmann von der GEZ gedankenverloren und blättert in seiner Fahndungsliste, »irgendwoher …«

Der Schnee unter mir hat bereits meine Jacke durchweicht, ich spüre Nasses und Feuchtes am Rücken.

»Mir ist kalt«, flüstere ich.

»O mein Gott«, ruft die nette Dame mittleren Alters, »wir verlieren ihn!«

»Schau nicht hin, Herzi«, sagt die Mutter des kleinen Mädchens und hält ihr die Augen zu.

»Halten Sie durch!«, brüllt mir der Arzt ins Ohr. »Haben Sie keine Angst, ich bin bei Ihnen!«

Von irgendwoher wird eine Decke gereicht, in die ich eingewickelt werde.

»Er sieht so friedlich aus, wie er daliegt«, sagt die nette Dame mittleren Alters traurig.

»Mir geht's gut«, sage ich.

»Halten Sie durch, junger Mann!«, schreit der Arzt und schüttelt meinen Kopf, »schlafen Sie jetzt nicht ein, um Gottes willen, schlafen Sie jetzt nicht ein, reden Sie mit mir, hören Sie, reden Sie mit mir. Und gehen Sie vor allem nicht ins Licht.«

»So, ich habe Ihnen den Antrag mal ausgefüllt«, sagt Batzmann von der GEZ, »Sie müssen nur noch unterschreiben.«

Er krallt sich meinen Arm, drückt mir einen Stift in die Hand und führt das Paar zu einer unterschriftsähnlichen Figur über das Blatt.

»Ach, wie wunderbar die Menschen in diesen exotischen Ländern doch schreiben«, schwärmt die nette Dame mittleren Alters, »so kunstvoll und … so exotisch.«

»Wir kriegen sie alle«, sagt Batzmann von der GEZ und pfeift fröhlich, »irgendwann fällt jeder auf die Fresse.«

»Nach Gibraltar muss ich auch mal«, sagt der Mann mit Mütze, der einen Arzt kennt. »Die eingeborenen Mädchen dort sollen ja so ganz anders sein als die deutschen Frauen. Ganz anders.«

»Ich möchte auch mal nach Gibraltanien, Mama«, quengelt das kleine Mädchen.

»Später«, sagt die Mutter. »Zuerst holen wir noch Sandro vom Violinunterricht ab.«

»Oder war's doch die Hiltrud?«, rätselt die gebrechliche alte Frau und es scheint, als stütze sich der Rollator an ihr und nicht andersherum.

Ich spüre Unmut in mir wachsen, einen gewissen Furor in mir aufsteigen wie Kohlensäurebläschen im Seltersglas.

Mir reicht es. Ich schlage die Decke zur Seite und nehme dem Arzt meine Hand weg. Ein »Ah!« fährt durch die Gruppe.

»Ich geh jetzt nach Hause, ich hab keinen Bock mehr«, sage ich, weil ich nach Hause will und keinen Bock mehr habe.

»Da haben wir ja noch mal Glück gehabt«, sagt der Arzt und atmet erleichtert aus. Er will mir noch mal nachsorglich mit der Fotoleuchte des Handys ins Auge leuchten, aber ich kann ihn gerade noch daran hindern, erneut meine Augenlider zu spreizen. Stattdessen brummt er ein: »Patient stabil« in das Diktiergerät seines Handys.

»Gut gemacht«, sagt der Mann mit Mütze und klopft ihm auf die Schulter.

»Sie sind ein wahrer Held«, sagt die nette Dame mittleren Alters und drückt dem Arzt einen Schmatzer auf die Wange. Dann wenden sie sich wieder mir zu. Sie helfen mir auf die Beine, klopfen meine Jacke ab und wünschen mir alles Gute. Die Jugendlichen löschen das Video enttäuscht, so völlig unblutig und ohne jegliche sexuelle Konnotation verkaufen die sich auf dem Schulhof nicht so gut. Die nette Dame mittleren Alters, die ich früher beim Schiffsquartett in punkto Wasserverdrängung eingesetzt hätte, schreibt mir noch einen gesunden Tee auf. Nette Menschen, denke ich, es gibt doch noch nette Menschen.

»Mir geht's gut«, sage ich. »Wirklich!«

Meine Retter und Helfer applaudieren und bescheinigen mir ein hervorragendes, gänzlich akzentfreies Deutsch. Nur der Arzt meint, den Hauch eines indischen Dialekts herauszuhören.

»Scheiße«, schreit der Arzt, der plötzlich auf die Uhr schaut, »jetzt habe ich meinen Zug verpasst.«

»Ich auch«, singen meine Retter und Helfer im Chorus.

»Das ist alles seine Schuld«, sagt das kleine Mädchen, auf mich zeigend.

»Ferrollett heißt der«, hilft ihr Batzmann von der GEZ.

Die netten Menschen bilden einen Halbkreis um mich. Langsam kommen sie näher. Ich will die Beine in die Hand nehmen und verschwinden, kann aber nicht, da ich zurückgehalten werde.

Die gebrechliche alte Frau hält sich am Saum meines Mantels fest.

»Die Frau von Professor Steinmann hat sich nie ganz davon erholt«, sagt sie ernst. »Sie war nie mehr dieselbe.«

Ich schaue sie an – und nicke.

»Ich weiß, was Sie meinen«, sage ich, »ich weiß ganz genau, was Sie meinen.«

Weihnachten, Alter!

Das. Ist. Nicht. Dein. Ernst!, denkst du, während Karstadt dir *White Christmas* in der aktuellen Happy-Xmas-Techno-Version um die Ohren ballert und ihr euch den Weg durch einen fleischgewordenen Shopping-Tsunami in Norweger-Pullis und braunen, pinken, violetten und schwarzen Moonboots bahnt, die nicht mal annähernd in Schnee versinken, weil es draußen schon wieder zehn Grad plus sind. Das ist nicht dein Ernst, hast du auch heute Morgen gedacht, kurz nach dem ersten Brötchen und noch vorm Kaffee, als sie dir freudestrahlend eröffnete, heute doch noch mal mit dir kurz in die Stadt zu wollen, ein paar Geschenke bräuchte sie noch, und wer weiß, was man noch so alles finden könnte, am 23. Dezember. Am 23. Dezember!, möchtest du am liebsten schreien, das ist nicht dein Ernst, Schatz, denkst du, aber andererseits hast du deine auch erst letzte Woche gekauft, wer ist denn auch so pedantisch und kauft die Geschenke schon im November, trotzdem, nee, mal im Ernst, und was ist hier überhaupt schon wieder los.

Los ist hier einiges. Sonst gern zivilisierte Menschen, die kurz vor Weihnachten selbst die stoischsten Schöpfungsfanatiker ins Grübeln bringen und der Evolutionstheorie eindrucksvoll recht geben, kämpfen um jeden Zentimeter an den Grabbeltischen, den Sonderangebotsständen und den Angebotspyramiden, man denkt, es gehe um die Revolution und du rechnest jede Sekunde mit einem fahnenschwingenden Rentner, der samt voller Einkaufstüten röchelnd »Hasta la victoria siempre« in die Menge ruft und dann tot umkippt. Du spürst, dass die Einkaufsstraße ganz kurz vorm nächsten Bürgerkrieg steht, während eine Verkäuferin mit Sexappeal aus dem Tiefkühlregal im Supermarkt ganz QVC ihr Mikro oral vergewaltigt und von einem Angorawollpulli schwärmt, als sei dieser der letzte Platz auf der Arche Noah, und du fühlst dich im Namen aller Tiere genötigt zu fragen: Wissen Sie eigentlich, dass man für Ihren superschicken, total weichen und kuscheligen Angorawollpulli einem Kaninchen bei lebendigem Leibe die Haare einzeln rausgerupft hat? Aber du belässt es bei einem oder zwei bösen Blicken, schließlich ist Weihnachten, das Fest der Liebe, wenn auch das Kaninchen nichts mehr davon hat, es ist Weihnachten, wir sollten alle näher zusammenrücken, denkst du, und ziehst deine Liebste weiter.

Warum drängelst du denn die ganze Zeit, wir haben doch grad erst angefangen, sagt sie nach drei Stunden Shoppinggetümmel, sag mal, warum guckst du so genervt, fragt sie, macht dir das denn keinen Spaß, mit mir shoppen zu gehen, fragt sie dich, und du fragst dich: Ist das jetzt der richtige Zeitpunkt für Ehrlichkeit?

Und dann sind alle Gedanken müßig, denn sie trifft eine Freundin, muss wohl eine gute Freundin von früher sein, sie unterhalten sich, na, wie geht es dir, was macht denn der und der, ja, genau, die Klassenfahrt war echt geil, deine neue Frisur ist klasse, ist der Rock neu, wie geht's deinem Freund, und du guckst auf die Uhr und denkst, na klasse, King of Queens kann ich mir jetzt wohl endgültig abschminken, aber dann geht ihr weiter, und du sagst, die war ja nett, und sie dann: Ach ja? Was für eine blöde Kuh, sagt sie, die blöde Zicke hab ich schon immer gehasst, die konnte ich noch nie ab, sagt sie, das war die Schlampe der Schule, die Schulhofmatratze, da ist wirklich jeder drübergerutscht, und du fragst dich, ob der leise Unterton Neid oder Kritik ist, und du erinnerst dich an früher, als du Siebtklässler und der beste Freund der Mädels warst, ausgeheult haben sie sich bei dir, sie sind immer zu dir gekommen, weil man mit dir so gut reden konnte, toll war das, alle Mädels kamen immer zu dir und lästerten und beschwerten sich bei dir über diese Arschloch-Jungs, die alle so scheiße zu ihnen waren, haben sie

dir erzählt, gehasst haben sie diese Jungs, und dann be-
zahlten sie deinen Cappuccino, und in der nächsten Nacht
lagen sie bei genau diesen Kerlen wieder im Bett und vö-
gelten mit ihnen, und du hattest keinen Bock mehr auf
»bester Freund sein« und fragtest dich: Wie werde ich eigentlich das Arschloch, das alle Frauen begehren?

Daran musst du denken, während sie immer noch lästert.
Dumme Pute, sagt sie, wenn wir uns treffen, tut sie immer
nett, aber hinterm Rücken, da kommt sie so richtig hin-
terfotzig daher, die dumme Kuh, sagt sie, und außerdem
stinkt sie nach Bauernhof. Komischerweise stimmt das,
denkst du, sie stinkt wirklich nach Bauernhof, vielleicht
hat sie ja doch recht, aber dann siehst du das kleine Pony-
Fahrgeschäft mit diesen vielen kleinen Kreisverkehr-Mini-
pferden, die immer im Kreis herumlaufen und kleine Blagen mit vollgeschissenen Windeln tragen müssen, diese
kleinen, armen Ponys mit diesem irren Trainspotting-
Heroin-Blick, diesem Lance-Armstrong-ich-bin-gedopt-
deshalb-kann-ich-alles-ertragen-Blick, völlig zugekokst,
diese Ponys, mit weit aufgerissenen Augen laufen die im
Kreis und gucken ihrem Vorderpony in den Arsch, kein
Wunder, dass die auf Droge sind, würde ich genauso machen, denkst du, wenn ich andauernd meinem Arbeitskollegen in den Darm gucken müsste, das geht doch auf
keine Kuhhaut, nee, mal im Ernst, was soll denn das,

denkst du, aber sie zerrt dich schon weiter und zeigt auf die tolle Dekoration im Schaufenster.

Hach, sagt sie, ich freu mich auf Weihnachten, und du sagst nichts und schweigst, weil du dich nie auf Weihnachten freust, höchstens aufs Raclette, was man ja aber auch zu jeder anderen Jahreszeit essen könnte, oder noch besser: allein, ohne die nervtötende heuchlerische Familienzusammenführung, ja, Raclette allein, ganz allein, nur Raclette und du und eine Friends-DVD, das wäre was, wenn es nicht jedes Mal so ein Scheiß-Aufwand wäre mit dem Raclette-Käse, der zu Weihnachten immer ausverkauft ist, und den kleinen Pfännchen, die man hinterher wieder drei Wochen lang einweichen kann, bis die festgebrannten Reste ab sind, und den Holzschabern, die man nie sauber kriegt, und du fragst dich, warum es Raclette noch nicht im Frischeregal bei Aldi für 2,99 Euro gibt, fertig abgepackt für die Mikrowelle.

Weihnachten, wiederholt sie ein wenig lauter und fordernd, ich freu mich da schon richtig drauf, und du sagst wieder nichts und denkst an ihren Onkel und seine Videokamera, wie er jedes Jahr Heiligabend am Tischende sitzt und dieses sinnlose Treiben, das jedes Jahr aufs selbe hinausläuft, filmt und hinterher zusammenschneidet und mit Jingle-Bells in Klingeltonqualität unterlegt, und jedes Jahr guckt er dich an und hält die Kamera in dein Gesicht und sagt

»Sag doch mal was«, sagt er, und kommt noch näher an dich ran, und du rutschst zurück und versteckst dich hinter deinem Raclette-Pfännchen, das du hinterher genauso gut wegschmeißen kannst, so festgebrannt ist der Käse nach fünf Jahren, du achtest da ja auch nicht so drauf wie ihre Mutter, die ihr Pfännchen erst immer mit Fett einschmiert, dir ist es scheißegal, diese Raclette-Pfännchen sind doch ohnehin das Letzte, und dahinter verstecken ist auch sinnlos, viel zu klein, wozu gibt es die überhaupt, und die Kamera ihres Onkels filmt dich immer noch, und der Onkel sagt wieder »Sag doch mal was, Mensch, sag doch mal was«, und alle gucken dich an, und Schwiegervater sagt »Mensch, Alfons, jetzt lass doch mal den Jungen«, und deine Freundin sagt, dass du dich nicht so anstellen sollst, das ist doch nur ein Videofilm, jetzt mach doch mal dem Onkel die Freude, und Alfons sagt, jetzt sag doch mal was, und du sagst nichts, und sagst deiner Freun-

din, dass du jetzt grad nichts sagen willst, und sie ist eingeschnappt und die Kamera starrt dir immer noch ins Gesicht und du denkst dir nur:

Jaaa, das ist Weihnachten, denkst du, ja, darauf freue ich mich auch schon riesig, denkst du und willst was sagen, aber sie steht vor dem Bratapfelstand und ist eingeschnappt, weil du so lang mit deiner Antwort gewartet hast, ja, ja, das Fest der Liebe, denkst du, das haben wir nun davon, das Fest der Liebe, und was ist, wir streiten uns. Du hast es gewusst, von Anfang an gewusst, letztes Jahr, am 26. Dezember, da bist du abends eingeschlafen und hast gedacht, jetzt sind es noch knapp 360 Tage, 360 Tage hast du Schonfrist, und dann geht der Scheiß wieder von vorn los, dieser Weihnachtsscheiß mit heuchlerischen Geschenken für Menschen, die man gar nicht mag, denen man Sachen schenkt, die man sonst nie kaufen würde und die es nur an Weihnachten gibt, weil nur dann die Leute

Geld für so einen Scheiß ausgeben, Weihnachten ist ja quasi ein Freifahrtschein für Kollektivschwachsinn, das geht dann alles wieder von vorne los, hast du noch gedacht, und jetzt ist ein Jahr wieder rum, und es ist losgegangen, und um dich herum nur Zombies, Einkaufs-Zombies mit diesem starren, fundamentalistischen Einkaufsblick, Zombies, als kämen sie direkt aus Dawn of the Dead, Land of the Dead, Universum of the Dead oder auch Weihnachten of the Dead, oder vielleicht, denkst du, vielleicht sollte Weihnachten auch einfach mehr gevögelt werden, ja, das ist es, denkst du, es muss einfach mehr Sex geben an Weihnachten, da würden auch weniger Menschen mit Verstopfungsgesichtern durch die Gegend laufen, alles Mensch gewordene Kreisverkehrponys, Weihnachten muss mehr gevögelt werden, miteinander, untereinander, gegeneinander, völlig egal, Hauptsache mehr Sex, und vielleicht, denkst du, sollten wir in der Bettenabteilung von Karstadt direkt damit anfangen. Es ist doch das Fest der Liebe, es muss einfach mehr Liebe an Weihnachten verbreitet werden, weniger Raclette, weniger Streit, weniger Onkel Alfons, dafür mehr Liebe, denkst du, aber was verdammt noch mal ist Liebe überhaupt. Und dann siehst du im Rinnstein, in abgestandenem Regenwasser, das gerne getauter Schnee wäre, eine dieser mundgemalten Postkarten mit Groschenroman-Lebensweisheiten schwimmen.

Liebe ist der Moment zwischen den Herzschlägen. Liebe ist, nicht »Warum« zu fragen, sondern einfach mal »Ja« zu sagen. Liebe ist, den anderen beschützen zu wollen. Was für ein Schwachsinn, denkst du. Und dann dreht sie sich um, hält dir einen Bratapfel hin und drückt dir einen Kuss auf die Wange.

Schatz, sagst du dann, ich freu mich auch auf Weihnachten. Und dann merkst du, dass du den Regenschirm längst aufgespannt hast, du merkst, dass du schon lange ja gesagt hast. Du nimmst sie in den Arm und du merkst, dass du genau in diesem Moment zwischen den Herzschlägen steckst und alles andere einfach irgendwie völlig egal ist.

Meine kurze, jedoch umso steilere Karriere als Fußballstar in den Niederungen des Bielefelder Straßenfußballs

Eigentlich hätte das mit mir und dem Fußball schon in der sechsten Klasse vorbei sein müssen, als ich während des Probetrainings beim TuS Eintracht an der Königsbrügge das einmalige Kunststück vollbrachte, einen Ball, der bereits mit vollem Umfang die Torlinie passiert hatte, noch über das Tor zu schießen, was den Trainer seinen Glauben an mich vollends verlieren ließ. Nach fünfminütiger, hitzig geführter Diskussion entschied man auf Abstoß, denn keiner wollte – trotz meiner eidesstattlichen Versicherungen, der Ball habe sich wirklich, kein Scheiß, hinter der Linie befunden – ernsthaft glauben, dass ich die Grenzen der Physik in dieser Form überwunden hatte. Es war das Ende meiner Laufbahn als Vereinsfußballer; man riet mir, es mit Völkerball zu versuchen, und ich entschuldigte mich kleinlaut bei meinem passgebenden Mitspieler, dem dank mir ein reguläres Tor aberkannt wurde.

Doch meine Leidenschaft für diesen Sport war ungebrochen, und so war ich Feuer und Flamme, als die Baumann-Geschwister aus unserer Straße meinen Bruder und mich fragten, ob wir nicht Lust hätten, eine Straßenfußball-mannschaft zu gründen. Straßenfußball war das Next-Big-Thing, er wurde sogar groß und breit in einschlägiger Fachliteratur wie *Bravo Sport* oder *Sport-Bild* behandelt, und eins war klar: Bielefeld-Sieker im Allgemeinen und der Steinbruchweg im Speziellen sollten das Silicon Valley des Straßenfußballs werden. Wir aus Haus Nummer sieben schlugen ein, und so traf man sich fortan nach der Schule und an Sonntagen zum Training. Hin und wieder gesellte sich der eine oder andere Trainingsgast dazu, aber im Großen und Ganzen bildeten Andreas Baumann und seine beiden Brüder sowie mein Bruder und ich den harten Kern unserer Mannschaft.

Im Eifer des Gefechts vergaßen wir beinahe das Wichtigste: Unsere Mannschaft hatte keinen Namen. Das war unverzeihlich! So wie jede meiner zahlreichen Rockbands schon einen Namen hatte, bevor es überhaupt Songs, geschweige denn die Band selbst gab, war der Name unserer Mannschaft in unseren Augen ein entscheidender Schritt auf dem langen, steinigen Weg in Richtung Ruhm und Ehre. Bei Apfelsaft und Knabberzeug wurde im Wohnzimmer der Baumanns, dem offiziellen Vereinsheim, munter gebrainstormed. Eintracht Sieker verwarfen wir aufgrund meiner eingangs erwähnten negativen Erfahrungen mit dem Verein gleichen Namens im Norden unseres Stadtteils. FC Sieker klang fast so doof wie FC Gütersloh, und mein Vorschlag, »Sieker Diablos« samt eines Logos, das im Endeffekt eine Verbastardisierung des WM-1990-Maskottchens in Schwarzweißfotokopie-Optik mit Teufelsschwanz und Hörnern darstellte, wurde seitens der Baumann-Brüder mit der Begründung abgelehnt, das verstoße gegen ihren evangelischen Glauben. Das war meinem Bruder und mir trotz unseres frommen Elternhauses peinlicherweise nicht aufgefallen.

Wir einigten uns schließlich auf einen Namen: Unsere Straßenmannschaft sollte Steinbruch FC heißen. Das war der Knalleffekt, den wir gebraucht hatten, die Euphorie kannte keine Grenzen, es wurden Trikots gemalt, Taktiken ausgetüftelt und einheitliche Trilobal-Anzüge von den Eltern gewünscht.

Unser erstes Spiel stieg alsbald gegen die Mannschaft des FC Wichernstraße. Es sollte im Kleinfeldkäfig, unweit des Gasometers, am Ringlokschuppen stattfinden. Ein Auswärtsspiel also, unsere Vorfreude konnte kaum größer sein. Der FC Wichernstraße hatte nicht den schlechtesten Ruf in der Szene und wir betrachteten das Spiel als angemessene Herausforderung für unser Debüt. An der Straßenbahnhaltestelle wurden wir bereits von weiten Teilen des FC Wichernstraße erwartet. Sie begleiteten uns in ihr Viertel, wo eine Horde fünf- bis fünfzehnjähriger FCW-Ultras, darunter grimmig dreinblickende Hooligans mit Milchzahnlücken und Dreirädern, ein Spalier für unsere Mannschaft bildete. Kurz: Gänsehautstimmung pur; Nou Camp konnte uns gestohlen bleiben.

Bei der Seitenwahl (Stichwort »Schatz liegt unten«, meine Generation wird sich erinnern) fiel uns dann ein weiteres Versäumnis auf: Wir hatten noch keinen Mannschaftsführer bestimmt. Klar, dass ich mich selbst in der Rolle des Kapitäns sah. Leider stand ich mit dieser Meinung geschätzte 35 Meter im Abseits, und da Andreas Baumann bei der Wahl einen Bruder mehr als ich mobilisieren konnte, durfte er sich das vom Gegner geliehene ausgefranste Schweißband als Zeichen seiner Kapitänswürde überstreifen. Es war die bis dato größte persönliche Niederlage meines Lebens. Im Anschluss folgte eine weitere: ein deprimierendes 1 : 3 gegen die Mannschaft aus der Wichernstraße. Wir forderten selbstverständlich und umgehend eine Revanche, die wir auch bekamen, womit wir zum zweiten Mal an diesem Tage verloren, diesmal 0 : 5.

Doch obgleich wir uns am Abend niedergeschlagen Richtung Heimat zurückschleppten, taten diese sportlichen Tiefschläge unserem Eifer keinen Abbruch. Wir wussten, dass noch Großes vor uns lag. Es war die goldene Zeit des Straßenfußballs in Bielefeld und wir würden dabei sein.

Die beste Straßenmannschaft unseres Stadtteils waren die Sieker Killers, eine bunte Truppe Jugendlicher, die alle in der Hochhaussiedlung an der Endstation in Sieker wohnten und dort in Sachen Straßenkampf gedrillt worden waren. Die Killers waren unserer Mannschaft damit nicht nur fußballerisch, sondern auch körperlich weit überlegen, schon weil mehrere bereits volljährige Rüpel in ihrer Mannschaft mitspielten, während das Durchschnittsalter unseres Teams bei ungefähr zehn Jahren lag.

Daher waren wir uns einig: Gegen die tritt der Steinbruch FC im Leben nicht an. Stattdessen suchten wir uns Sonntag für Sonntag mehr oder weniger gleichwertige Gegner auf den diversen Rasenplätzen Bielefelds. Knapp ein Jahr lang funktionierte dieser Killers-Boykott vortrefflich; bis zu einem sonnigen Tag im Herbst, als wir wieder mal, nichts Böses ahnend, auf dem Schotterplatz der Osningschule oberhalb des Lipper Hellwegs trainierten. Die Sonne ging bereits langsam unter, als finstere Gestalten am Horizont auftauchten. Alsbald bewahrheiteten sich unsere Befürchtungen: Die berüchtigten und gefürchteten Sieker Killers standen vor uns, allen voran ihr Kapitän, mein ehemaliger Klassenkamerad, der Russe Christoph Gulyanowski.

Mir ging der Arsch unverzüglich auf Grundeis. Einige

Jahre zuvor, in der dritten Klasse, war mir nach monatelangen Schikanen seitens eben jenes Christoph Gulyanowski der Kragen geplatzt und ich hatte ihn in einem regelrechten Blackout mit meinem Turnbeutel annähernd krankenhausreif geprügelt. Danach hatte er mich zwar in Ruhe gelassen, gleichzeitig aber auch seinen Hass nicht verbergen können. Ich lebte fortan in einer Art Dauerangst, ihm mal in Sieker auf der Straße zu begegnen – allein. Nicht nur die Großväter meiner Freunde hatten mir eingetrichtert: Der Russe vergisst nie.

Und der Russe, in Person meines alten Schulkameraden Christoph Gulyanowski, hatte auch nicht vergessen, wie sich zeigen sollte. Zunächst beschäftigte uns allerdings allein die Tatsache, dass wir nicht mehr aus der Nummer herauskämen, ohne unsere Taschen zu opfern. Die Ehre wäre uns egal gewesen.

In einem Halbkreis stellten sich die Killers samt Entourage um unsere Mannschaft auf.

»Ey«, begann Christoph ohne jegliche Begrüßung, »hab gehört, dass ihr eure Spiele im Lonnerbachstadion machen wollt.«

Das, was er in blankem Euphemismus als Lonnerbachstadion bezeichnete, war ein Schotterfeld mit Stahlrohrhandballtoren und knöcheltiefen Morasten im Tal unterhalb des Musikantenviertels, durch das besagter

Lonnerbach lief. Als ambitioniertes Team, das der Steinbruch FC nun mal war, genügte uns ein mit Jacken und Taschen abgestecktes Feld auf dem Osningschulensportplatz selbstverständlich überhaupt nicht, und so hatten wir in der Tat das Lonnerbachstadion zu unserer neuen Heimarena auserkoren. Insofern war Christoph korrekt informiert.

»Das stimmt«, sagte Andreas unsicher.

»Ssunser Stadion, Alter«, sagte Christoph.

Hervorragend argumentiert, wie ich damals fand. Andere nicht.

»Sagt wer?«, entgegnete mein kleiner achtjähriger Bruder, der sich in Spielen dadurch auszeichnete, dass er sich mit dem Kopf zuerst in jeden Schuss warf, seine eigene Gesundheit dabei völlig außer Acht lassend. Ich bin mir sicher, hätte er eine Profikarriere eingeschlagen, der klassische Libero wäre in der deutschen Nationalmannschaft niemals abgeschafft worden.

»Sag ich«, gab Christoph zurück. Eine klassische Pattsituation.

Doch dann kam von Matthias Baumann, der später – soweit ich weiß – eine Pädagogen-Laufbahn einschlug, ein Vorschlag, der meine Straßenfußballkarriere für immer verändern sollte.

»Ist doch kein Problem: Wir spielen drum.«

Nachdem das feixende Lachen seitens der Killers abgeklungen war, steckten wir – schon damals streng nach FIFA-Regularien spielend – auf dem neutralen Boden des Osningschulensportplatzes ein Feld ab. Nach kurzem Verhandeln einigten wir uns auf sechs gegen sechs, wobei die Killers dennoch eine gefühlte Übermacht von knapp 30 Spielern auf dem Feld hatten. Zum Glück hatten wir an dem Tag meinen Nachbarn Peter Bracksieck aus den Reihenhäusern gegenüber als Trainingsgast gehabt, der zwar ein, zwei linke Füße mehr als ich hatte, dafür aber mit der größten Körpermasse in unserem Team aufwarten konnte. Wir stellten ihn selbstverständlich neben meinen Bruder und zwei der Baumann-Geschwister in die 4er-Abwehrkette, mit mir als einziger Spitze davor und der einzigen Aufgabe, ihren türkischen Stürmer Tayfur nicht von der Leine zu lassen – schon damals hatten wir eine Art Konzeptfußball mit manndeckendem Stürmer und totalem Pressing entworfen. Dann erfolgte der Anstoß für 2 x 20 Minuten des größten Straßenfußballspitzenspiels aller Zeiten in Bielefeld-Sieker.

Es war keine Überraschung, dass die Killers knapp fünf Sekunden nach Anstoß durch Tayfur in Führung gingen. Umso überraschender allerdings, dass wir bis zur Halbzeit keinen weiteren Gegentreffer kassierten, was hauptsächlich daran lag, dass sich mein Bruder ohne Rücksicht auf eigene Gehirnzellen Kopf voran in jeden Ball warf,

Matthias Baumann presste, als gäbe es kein Morgen, Peter Bracksieck nicht wusste, was er tat, das aber hervorragend, und ich meinen Schützling Tayfur fortan jedes Mal prophylaktisch von den Beinen holte, wenn er auch nur annähernd in Reichweite des Balls kam. Trotz des Rückstands ging die erste Halbzeit moralisch gesehen klar an uns. Das machte uns Mut, und während des Seitenwechsels schwor uns unser Kapitän und glänzend haltender Torwart Andreas Baumann auf die zweiten 20 Minuten ein. Die Sensation schien zum Greifen nah, wir konnten die erste Straßenmannschaft Bielefelds werden, die nicht zweistellig gegen die Killers verlor!

Doch es kam nicht nur anders, es kam besser. Direkt nach Anstoß sah ich im Augenwinkel Tayfur heransprinten, worauf ich ziemlich unmotiviert den Ball in Richtung gegnerisches Tor drosch – bloß weg damit! Damit hatte der Torwart nicht gerechnet, was man ihm aber auch nicht zur Last legen konnte, da er sich die komplette erste Halbzeit ohne Gefahr mit seiner Freundin an der Seitenauslinie hatte beschäftigen können. Ausgleich, ich wurde verrückt! Ein wildes Knäuel aus transpirierenden Jungs feierte ausgelassen unser Tor, während die Killers auf der Stelle ihren Torwart feuerten und Christoph sich selbst zwischen die 4YOU-Rucksäcke stellte. Doch ihr Wille war gebrochen, mit leerem Blick warteten sie auf den Wiederanstoß.

Ich mach's kurz: Knapp vor Ende der Partie brachte ich mich mit einem versehentlichen Schlenzer, der knapp neben dem rechten Rucksack im Tor einschlug, auf den Weg zur Legende – der Ball hatte in einem glücklichen Winkel mein Knie getroffen, eigentlich hatte ich ihn köpfen wollen. Die restlichen Minuten flossen zäh wie Baumharz dahin, während wir mit sechs Mann auf der Linie standen und unsere Weichteile der guten Sache opferten. Die Killers stemmten sich mit Mann und Maus dagegen, doch es half alles nichts: Die Sensation war perfekt. Unser Steinbruch FC hatte die Galaktischen des Siekerviertels besiegt und sich die Rechte am Lonnerbachstadion erkämpft. Sprachlos beobachteten die Killers unsere Siegesfeier. Doch schon bald wich die Sprachlosigkeit niederen Rachedürsten. Während unsere Freudenschreie langsam verstummten, umringten die Killers den Tross des Steinbruch FC. Auf dem Feld hatten sie verloren, aber am grünen Tisch der nackten Fäuste hatten sie vor, sich ihre Ehre zurückzuholen. Und eins war klar: Diese Ehre würden sie sich zurückholen!

Bevor die Sieker Killers aber auf uns losgehen konnten, stoppte Christoph seine Vasallen und zeigte auf mich: »Ey! Den lasst ihr in Ruhe. War früher in meiner Klasse und steht unter meinem Schutz!« Die Sieker Killers nickten grimmig und nahmen sich stattdessen die restlichen Spieler des ruhmreichen Steinbruch FC zur Brust. Ich weiß bis heute nicht, ob ich seine Gunst meinen beiden Toren zu verdanken hatte – oder meiner Turnbeutelprügelorgie in der Grundschule, mit der ich mir offenbar seinen Respekt erkämpft hatte. Ist Gewalt also tatsächlich mitunter eine Lösung? Aber das »Wie« meiner Rettung war mir in dem Augenblick egal. Mein Herz aus meinen Fußballstutzen holend, stahl ich mich klammheimlich mit meinem Bruder davon. Ein schlechtes Gewissen hatte ich nicht: Ich war ja nicht der Kapitän dieser Mannschaft, also durchaus dazu berechtigt, das sinkende Schiff zu verlassen. Sie hätten mich ja damals wählen können, im Kleinfeldkäfig der Wichernstraße.

Au revoir, Pissoir!

»Hält nicht in Brake« steht neben der Abfahrtszeit und dem Ziel des Zuges auf der Ankündigungstafel im Bahnhof. »Hält nicht in Brake«. Das vermutlich sinnloseste Schild der Welt.

Es sollte eine Selbstverständlichkeit sein, dass Züge der Deutschen Bahn nicht in Brake halten, es ist eine Unverschämtheit gegenüber dem geneigten Reisenden, diese Tatsache überhaupt extra auszuschildern – Brake, das ist irgendwo zwischen Herford und Bielefeld, nicht Fisch, nicht Fleisch, nicht Stadt, nicht Land, höchstens ein X für ein U.

Nun denn, sei es, wie es ist. Dieser Zug hält nicht in Brake, und das ist auch nicht weiter schlimm. Ich will nach Hause, zu Hause ist da, wo dein Herz ist, und das liegt garantiert nicht in Brake, dort sind die Bürgersteige hochgeklappt und damit kein Platz mehr für mich.

Ich steige aus dem Zug, ich bin zu Hause, es war ein schönes Wochenende. Wir haben viel auf dem Sofa gesessen, wir waren aber auch unterwegs, mit ihren Freunden, die sind zwar nett, aber nicht sehr.

»Dein neuer Freund ist ganz OK«, haben sie ihr gesagt, hinter meinem Rücken, »aber er kann nicht kickern.«

Das finde ich doof, ich sage ja auch nicht, ihr könnt nicht schreiben, oder deine Prosa ist für die Hos … a, oder so wie du deine Einkaufsliste schreibst, mein Freund, können wir nicht Freunde werden. Nee, im Ernst. Faschisten. Alles Faschisten.

Aber ich kann wirklich nicht kickern. Das liegt nicht an einem Taktikdefizit, auch nicht an mangelnder Technik. Mir fehlt einfach die Kraft im Handgelenk, um der Stange und damit dem Ball den nötigen Effet zu verpassen. Die Quintessenz erschloss sich mir schnell: »Zu wenig masturbiert«, dachte ich so zu mir selbst, als wieder mal so ein Mädchenkullerball meinerseits in den gegnerischen Abwehrreihen hängenblieb, »zu wenig masturbiert.«

Vorm KIK-Textildiskont, dem offiziellen Ausrüster aller Baptistengemeinden in Deutschland, sitzen alte Männer mit roten Nasen und kümmern sich um Kümmerling. »Zieh dir die Hose hoch!«, schreit einer. Ich mache es und gehe schnell weiter, der Mann hat Narben und sieht nach Straßen- und Nahkampf-Erfahrung mit abgebrochenen Flaschenhälsen aus.

Die Herbstblätter rascheln unter meinen Füßen, schön.

Ich gehe zu Fuß statt mit dem Bus. Eine Frau läuft gebückt um einen Baum herum und sucht nach Hundescheiße, was keinen Sinn macht, denke ich. Das ist doch bekloppt, nach Hundescheiße zu suchen, aber vielleicht sucht sie ja auch nach Kastanien, ist ja grad die Jahreszeit, fällt mir auf, als ich schon längst wieder zu Hause bin.

Froh bin ich, wieder zu Hause zu sein, die Bahnhofstraße macht keinen Spaß mehr, zu viele BWL-Studenten, das Wintersemester hat begonnen. Im ersten Jahr sehen sie noch alle gleich aus, später relativiert sich das, mit ihren Glatzen, die von Hornbrillen und Rollkragenpullis zusammengehalten werden, ja, ja, die mit ihren Intellektuellen-Scheiteln und Geheimratsecken bis zum Arsch, da hilft auch der feisteste Mutterstrick nichts.

Früher, als wir noch Glatzen aus Prinzip verhauen haben, da war das einfacher, heutzutage, da schlägst du drauf, und hinterher machst du den Kopf auf und, oh, BWL-Student, oder oh, Benjamin von Stuckrad-Barre, ja, da hast du dann den Salat.

Ich hatte auch mal eine Glatze, in der Grundschule, wegen der Läuse, Murat II hatte die mitgebracht. Ich weiß noch, dass ich heulte, weil in der Grundschule eine Glatze gar nicht geht, da hat man das Wort »intellektuell« noch nicht gelernt, man kennt noch nicht mal alle Buchstaben des Wortes, man liest Benjamin Blümchen statt Benjamin von Stuckrad-Barre, mir war klar, so konnte ich am nächsten Tag nicht wieder hingehen, auf gar keinen Fall.

Ich entschied mich klar gegen die »Niki-Lauda-Schirmmützen-Variante«, denn im Gegensatz zu Niki Lauda, dem es völlig egal sein kann, wie blöd die Mütze aussieht, war mein Gesicht noch halbwegs intakt, ich wählte stattdessen die Option »Schule schwänzen mit Murat II«, aber als meine Eltern dies erfuhren, war mein Gesicht abends dann auch nicht mehr intakt, und so wählte ich dann doch die Schirmmütze und schwor, nie wieder eine Glatze zu tragen. Diesen Schwur nehme ich bis heute sehr ernst.

Kastanien, denke ich, natürlich, es werden wohl Kastanien gewesen sein, wer sucht denn schon nach Hundescheiße. Ich packe meinen Koffer wieder aus und schmeiße die gebrauchten Unterhosen in die Waschmaschine, ja, es war ein schönes Wochenende, ihre Eltern sind sehr nett. Nach dem Essen führten sie mich durch das Haus, es ist ein sehr großes Haus, sie zeigten mir das Badezimmer, bitte im Sitzen pinkeln, und dann sagten sie, dass das das Waschbecken sei, ich dann so zu mir, ach, das ist das Waschbecken, meine Güte, das hätte man mir auch sagen können, als ich vor dem Essen kurz für kleine Jungs war, ich hatte schon gedacht, wie cool das Haus doch sei, mit Pissoir und so, und dann fiel mir auch auf, dass die ganze Familie ein wenig kleinwüchsig unterwegs ist, und welcher Innenarchitekt denkt sich denn solche Waschbecken aus, die so irreführend aussehen, nur gut, dass es ohnehin einen Gelbstich hatte.

Ich werde dann wohl auch wieder Schluss machen, nicht ihrer Kicker-Fascho-Freunde wegen, die kann ich ja noch ertragen, auch nicht wegen des Sitzpissenmüssens, nein, auch da lass ich mich gern konditionieren, es ist mehr wegen Sonntag, sie kam mit einer DVD, lass uns ein bisschen kuscheln, sagte sie, dazu trug sie eine Jogginghose, und darüber, na ja, lassen wir das.

Mädchen in Bayern-München-Trikots sind wie Autos mit »Phantasialand«-Aufklebern. Denkt mal drüber nach.

Rostpilz, du schlimmer Finger

Als ich einmal prokrastinierte … und ich prokrastiniere oft, vor allem, wenn ich eigentlich gerade arbeiten und einen Text Korrektur lesen sollte und im Duden nachschaue, ob man »Phimose« mit ph oder f schreibt, und dann, der Zufall will es so, unbekannte, spannende, fremde Wörter entdecke, wie beispielsweise Diversant oder auch Kräuel, oder wie einmal, als ich prokrastinierte und das Wörtchen »Rostpilz« entdeckte. Rostpilz. Da macht man sich schon Gedanken. Schließlich weiß der Mensch in den seltensten Fällen, zu wem seine Pflanzen Kontakt haben, sexuell. Oder wichtiger, zu wem die Bienen Kontakt hatten, bevor sie zu den Pflanzen Kontakt haben – sexuell. Sollte man schon, irgendwie, wenn man drüber nachdenkt. Denn es ist eine böse, böse Welt.

Dabei klingt er so harmlos und putzig. Rostpilz, das klingt nach schalem abgestandenen Bier oder wie ein Rockfestival in Dänemark. Rostpilz, die vielleicht schillerndste unter den Pilzpersönlichkeiten. Oder doch nur ein kleiner, einsamer Pilz im Wald, der Letzte seiner Art?

All seine Freunde und seine Familie sind bereits gepflückt worden, sogar seine Braut, kaum aus den Flitterwochen zurück, fiel dem emsigen Sammler zum Opfer. Da steht er nun, der kleine Pilz, und hofft, dass der Sammler zurückkehrt und ihn pflückt, denn besser als das Alleinsein wäre immer noch der gemeinsame Tod mit seinen Artgenossen. Aber er ruft vergeblich und so verbringt er den Rest seiner Tage dort, allein und zurückgelassen, im Regen, durchtränkt und kalt, und so langsam wird er alt und braun, oxidiert und setzt Patina an, und in den zukünftigen Sagen des Waldes wird man ihn besingen, den letzten Mohikaner unter den Pilzen, den heldenhaften, wenn auch tragischen kleinen Rostpilz.

Aber dann schauen wir in den Duden, und was steht da? Da steht: Rostpilz – Erreger von Pflanzenkrankheiten.

Aha, denken wir, einer von diesen also, einer von diesen, ja, man kennt die ja aus der Zeitung. Die in die Disko gehen, eine Rose aufreißen und dann nicht verhüten. Die das jede Woche machen und immer mehr Geranien, Petunien und blutjunge Orchideen mit ihren widerlichen Pflanzenkrankheiten anstecken. Und dann auch noch vor anderen Rostpilzen damit prahlen! So ein Aufreißer also!

Und dann haben wir ihn auch schon vor Augen, diesen Casanova der Pilzwelt. Rostpilz, du krankes Ungeheuer, denken wir, du Julio Iglesias unter den Funghi, der du der ungeschützten Sexualität frönst und so deine Pflanzenkrankheiten verbreitest, unter den Samenpflanzen, den Giftpflanzen, den Kulturpflanzen und Nutzpflanzen, unter den Knöterichgewächsen, den Korbblütlern und den Dikotyledonen. Rostpilz, du promisker Sack, denken wir, und sehen vor unserem geistigen Auge, wie die Rose zur Petunie sagt, oder vielleicht auch zum Nachtschattengewächs: »Du, Hilde, ick jloob, ick hab mir in Mallorca n Pilz einjefangen!«

Und das ist kein Einzelfall. »Schatz, du hast da was«, sagt der Buchsbaum zu seiner Frau, und fragt besorgt: »Was blüht denn da?« Und dann bestätigt der Blick in den KOSMOS Blumenführer seine größten Befürchtungen: Der Rostpilz war an seiner Frau dran!

Da liegt er dann, wir können ihn uns vorstellen, den perversen kleinen Rostpilz, liegt am Strand von Thailand und geifert den jungen thailändischen Pflanzen hinterher, schaut ihnen gierig auf ihre exotischen prallen Blüten, bereit, was auch immer eine Pflanze an Krankheiten hat, zu übertragen! Und die armen jungen Dinger, deren zarte Knospen grad erst aufblühen, werden in jungen Jahren mit der Bürde einer juckenden Pflanzenkrankheit und einem gebrochenen Herzen zurückgelassen, und der einzige Ausweg ist oft der pflanzliche Suizid durch passive Sterbehilfe – warten auf den Rasenmäher! Damit wissen wir endlich, woher der Ratschlag kommt, den jede besorgte Pflanzenmutter ihren jungen Setzlingen mitgibt:

»Kind, nimm keinen Dünger von fremden Pilzen an, denn es könnte der Rostpilz sein.« Denn das will keine Pflanzenmutter, keine Züchtungsberechtigte will mit ihren den Trieben des Rostpilzes anheimgefallenen Setzlingen zum Krankheitstest ins Forsthaus Falkenau, weil die Blüten jucken und die Bienen beim Vögeln das Kondom vergessen haben. Und weil sie die Forsthausgebühr nicht mehr bezahlen kann, schreibt sie an die BILD, und schon bald steht in großen Lettern auf der Titelseite: »Bildhübscher Lavendel fällt Triebtäter zum Opfer«, daneben ein Foto aus Jugendjahren, und darunter: »Der Rostpilz – ein Wolf im Schafspelz!«

Aber, meine Damen und Herren, liebe Pilzinteressierte, verurteilen wir ihn vielleicht nicht ein wenig voreilig? Gehen wir in uns und versuchen wir ihn zu verstehen. Wie konnte es so weit kommen? Was muss er durchgemacht haben, der Rostpilz, um so zu werden, wie er ist, und vor allem, welche Rolle spielte sein soziales Umfeld?

Denn jeder, auch der Rostpilz, hat eine zweite Chance verdient. Und vergessen wir bitte niemals: Nicht der Pilz ist böse, sondern seine Taten! Oder wie der Sozialpädagoge sagt: »Sicher ist aber, dass nicht ein einzelner ungünstiger Einfluss (z. B. genetische Faktoren oder mangelnde Schulbildung oder Versagen der Eltern oder früher Verlust wichtiger Bezugspersonen) für die delinquente

›Karriere‹ des Rostpilzes verantwortlich gemacht werden kann. Es sind komplexe Bündel von wechselseitig sich hemmenden und fördernden Einflüssen, welche die Wahrscheinlichkeit delinquenter Handlungsmuster beim Rostpilz erhöhen.«[*]

Ergo: Es ist nicht ein Problem des Rostpilzes, es ist ein Problem unserer Gesellschaft! Wir haben eine Verantwortung – Sie, ich, wir alle! Blicken wir hinter die eiskalte, berechnende Fassade des promiskuitiven Rostpilzes, sehen wir sein Verhalten als das, was es letztendlich ist: ein Hilfeschrei. Ja, er verbreitet Krankheiten, ja, er bricht Herzen und ja, er hat auch Ihre Blumen auf dem Gewissen, aber was er eigentlich sucht, ist Liebe! Und hält er damit nicht uns allen einen Spiegel vor?

Also, starten wir ein Resozialisierungsprogramm für den Rostpilz, unter dem Motto »Sanfte Fungizide statt Pflanzen-Suizide«, gliedern wir ihn ein in die Gesellschaft, helfen wir ihm zurück in ein eigenes, zufriedenes Leben, ohne Pflanzenkrankheiten zu erregen, verhelfen wir ihm zu einem eigenen Platz im Wald, irgendwo, im Schatten einer mächtigen Eiche. Und vielleicht werden wir dann am Ende des Jahres in Günther Jauchs großen Jahres-

[*] www.denkzeit.com

rückblick eingeladen, Menschen 2010, und mittendrin: wir, daneben Jauch, mit Vertrauenslehrerblick fragend: »Aber sagen Sie mal, warum haben Sie ein Resozialisierungsprogramm für Rostpilze ins Leben gerufen?« Und dann, meine Damen und Herren, liebe Pilzinteressierte, lächeln wir und denken: Damit man Sätze sagen kann wie: »Ach, das war doch selbstverständlich«, oder: »Ich empfinde es nicht als etwas Besonderes, delinquenten Pilzen zu helfen. Das hätte doch jeder hier im Saal an meiner Stelle genauso getan, oder?«

Eine kurze Reflexion

Die Situation: Du im Zug, kommst von irgendeinem Poetry Slam, den du natürlich nicht gewonnen hast, weil das Publikum die ironische Ebene nicht verstanden hat. Der Ort: Ein Tisch für vier im Großraumabteil, vor dir ein Mädchen, verdammt hübsch und genau der Typ Frau, den du dir gut für einsame Abende zu zweit vor dem Kamin vorstellen kannst, kurz: du bist Feuer und Flamme, sie in Gedanken und blickt durch die Scheibe nach draußen, verträumt und halb schlummernd, und du starrst sie an, aber nein, denkst du, das kannst du ja jetzt auch nicht machen, sie so einfach anstarren, wie armselig ist das denn, viel lieber greifst du auf die gesellschaftlich akzeptierte Methode zurück, jemanden im Zug heimlich zu beobachten, und fixierst euren Blickkreuzungspunkt in der Zugscheibe, eure Blicke treffen sich und du drehst dich zu ihr und lächelst und sagst: »Hey, ich bin Mischa«, und sie lächelt zurück und sagt – nichts! Denn du hast auch nichts gesagt, du hast es nur leise gedacht und in Gedanken durchgespielt, nein, nein, so weit bist du nach der letzten

Abfuhr gestern Abend selbstbewusstseinstechnisch dann doch noch nicht, dass du jetzt schon hübsche Mädchen im Zug anquatschst und so ganz ohne Alkohol schon mal gar nicht, drei Euro für ein Warsteiner im Bordbistro sind wahrlich keine Starthilfe. Früher, als du jünger warst, dachtest du, die Sache mit den Frauen würde einfacher, je älter man werde, aber je älter du wurdest, desto schwieriger wurde es, ach, ist doch alles doof, denkst du, und lässt Blickkreuzungspunkt Blickkreuzungspunkt sein und widmest dich wieder deinem Magazin, schlägst es auf und, o mein Gott, es ist die *Sport-Bild*, das darf doch wohl nicht wahr sein, was mag dieses unfassbar schöne Mädel von dir bloß denken, die *Sport-Bild*, asozialer geht ja kaum noch, dabei hattest du in der Bahnhofsbuchhandlung die *Zeit* in der Hand gehabt, das wär's doch gewesen, die *Zeit*, aber du dachtest, scheiße, hab ich nen Kater, auf so ellenlange Dossiers über die Dürrekatastrophe im Sudan hab ich jetzt erst recht keinen Nerv, lieber was Leichtes, dachtest du, was Leichtes, das hast du jetzt davon, du sitzt vor diesem Mädel, dieser aus allen Poren Intellekt triefenden Mischung aus Katrin Bauerfeind und Sofia Coppola, und was liest du? Die *Sport-Bild*!

Du musst dich rehabilitieren, denkst du, rehabilitieren ist das Stichwort, Klammer auf: Mann, die sieht ja mit jedem Blick besser aus, Klammer zu, irgendwas Intelligentes sagen, ein intellektueller Einstieg, nicht zu seicht, aber doch mit Anspruch, mit diesem gewissen Etwas, vielleicht ein Bonmot, vielleicht etwas Witziges über die Deutsche Bahn, aber nein, zu naheliegend und vorhersehbar, denkst du, genau wie die *Sport-Bild*, die wird dich angucken und denken, ja, ja, kleiner dummer Prolljunge aus Ostwestfalen, das wird sie denken, oder vielleicht denkt sie auch gar nichts, ja, so wird es sein, noch eher wird sie dich gar nicht sehen, sie wird einfach zwei Stunden vor dir sitzen und dich gar nicht sehen und in Bielefeld am Bahnhof kurz mal aufschrecken, »Oh, gut, haben wir die ostwestfälische Hölle auch wieder hinter uns gebracht«, aber dich sehen, nein, das wird sie nicht, aber du kannst es ihr nicht verübeln, du würdest dich vermutlich selbst auch nicht sehen. Vielleicht solltest du einfach mal auf dich aufmerksam machen, denkst du, im Sinne von »da wir uns jetzt die nächsten zwei Stunden gegenübersitzen, dachte ich, ich stell mich mal vor«, ja, das ist es, denkst du, genauso wirst du es machen, »Hallo«, könntest du dann sagen, »ich bin Mischa, ich bin Poetry Slammer aus Bielefeld und schreibe Gedichte«, genau das ist es, denkst du, welche Frau würde da nicht schwach, aber andererseits hast du gestern beim Slam einen ziemlich miesen Text über abgetrennte Gliedmaßen und erigierte Penisse gebracht und das Publikum hat die ironische Ebene nicht verstanden, vielleicht also besser dein Hobby nicht erwähnen.

Die *Sport-Bild* hast du inzwischen unterm Sitz verschwinden lassen, genau wie deinen Text mit der ironischen Ebene, die du mittlerweile selbst nicht mehr verstehst, und du betrachtest deine Angebetete und denkst, wow, was für eine Frau, so etwas hast du schon lange nicht mehr gesehen, und was für ein Glück du hast, sie sitzt direkt vor dir, du müsstest nur zugreifen oder besser, und geschickter, kurz anquatschen, du könntest ihr in ihre azurblauen Augen schauen, in ihnen versinken und ihr zu Herzen gehende Liebesschwüre ins Ohr flüstern, dabei über ihre Fingerkuppen streicheln und sie in den Arm nehmen und am besten alles gleichzeitig und im selben Moment. Prinzessin, denkst du, holdes Wesen aus einer anderen Welt, von einem anderen Stern, aus einem anderen Universum, du Schönheit jenseits des Bekannten, denkst du, du Kleinod der Begierde, in welch samtenem Licht du dieses Abteil erstrahlen und mich zu Boden fallen lässt, ich knie hier vor dir, armer Knecht, der ich bin, nimm mich, deinen treuen und ergebenen Diener, und schlage mich zum Ritter deines Herzens, denkst du, lass mich in dein Reich, deine Ländereien erobern, deine weiten Ebenen entlangreiten, durch deine Wälder mich kämpfen und deine Gebirge erklimmen, von dort oben jubilieren und frohlocken, ja – lass mich dein sein, denn du bist die Schönheit, in Ewigkeit, kurz: Willst du mich heiraten?

Und dann blickst du dich um, und verdammt, diesmal hast du es nicht nur gedacht, diesmal hast du es laut gedacht, du hast es herausgeschrien, du kniest vor ihr, das gesamte Abteil ist aufgestanden, schaut dir zu und harrt ihrer Antwort, und sie schaut dich an und sagt: Mama, sagt sie, und fünf Minuten später hast du eine Anzeige wegen Nötigung am Hals.

Und dann stehst du vor Gericht und die Richterin fragt dich, was das denn sollte und was dir überhaupt einfalle, ein sechzehnjähriges Mädchen zu belästigen, und du sagst: Sechzehn? Und noch mal, entsetzter: Sechzehn??! Und du dann, also, das habe ich wirklich nicht gewusst, die sind ja heutzutage geschminkt, sind die, die sehen schon mit zwölf aus wie Audrey Hepburn, und überhaupt sind Mädchen heutzutage so jung schon sowas von körperlich entwickelt, das müsste verboten werden, das ist Vortäuschung falscher Tatsachen, Euer Ehren, unter uns: Glauben Sie nicht auch, dass das vom vielen Fastfood kommt?

Und Euer Ehren sagt, erstens heiße das »Frau Vorsitzende«, zweitens, ob du dich wiederholen könntest, und du sagst: Jau. Und du wirst wegen Nötigung Minderjähriger verknackt, 500 Euro oder ersatzweise eine Woche Haft und du sagst: Tja, das mit dem Geld, das sei momentan so eine Sache. Und dann sitzt du schon im Bus zur JVA, am Vierertisch, vor dir so eine Kante mit Stiernacken und Tattoos im Dutzend, und du schaust raus aus dem Fenster, es spiegelt sich, und dann kreuzen sich eure Blicke im Blickkreuzungspunkt, und er schaut dich direkt an, dieses Bild von einem Mann, und er lächelt und sagt: »Na, Süßer, wie wär's mit uns beiden?« Und du schaust ihn an und denkst: »Ein Königreich, ein Königreich für eine ironische Ebene …«

Ich komme von der Arbeit nach Hause und schließe die Tür auf

Am Treppenabsatz treffe ich Frau Müller aus dem Dritten. Frau Müller aus dem Dritten mit den Dritten nenne ich sie immer, aber eigentlich ist sie trotz Dritter noch ziemlich rüstig für ihr Alter, 75 oder 85 oder so, keine Ahnung, aber, wie gesagt, noch ziemlich rüstig ist sie, bloß heute steht sie am Treppenabsatz und atmet schwer und hat in jeder Hand eine riesige Einkaufstüte. Ob ich ihr helfen könne, fragt sie, sei alles nicht mehr so leicht, sagt sie, und wo sie das so sagt, muss ich an früher denken, da war auch nicht immer alles leicht, aber daran denke ich gar nicht, das fiel mir grad bloß so ein, nein, ich denke an Frau Dreiermann, die wohnte zwar nicht im Dritten und hatte noch alle Zähne, aber ihr habe ich auch immer die Tüten ins Haus tragen müssen. Trag der Frau Dreiermann immer schön die Tüten ins Haus, sagte meine Mutter, und ich tat es, und zur Belohnung gab's immer Ahoi-Brause auf die Faust, toll war das, und wo mich Frau Müller so fragt, ob ich ihr die Tüten hochtragen könne, muss ich an früher denken.

Mmh – Ahoi-Brause, denke ich, und sage: Bitte mit Waldmeister-Geschmack, und Frau Müller fragt, was? Und ich so, ach, nichts, und nehme ihr die Tüten ab. Ich gehe voraus und steige die Treppen hoch, und im ersten Stock lasse ich Frau Müller zu mir aufschließen und dann rede ich übers Wetter, über die gestiegenen Lebensmittelpreise, darüber, dass die *Hörzu* auch nicht mehr das ist, was sie mal war, und über die nervigen Blagen im Nachbarhaus, und oben angekommen merke ich, dass Frau Müller nicht mehr da ist.

Ich also wieder runter, und im zweiten Stock stelle ich fest, dass ich immer noch die Tüten in beiden Händen habe, Mist, verdammter, vergessen abzustellen, na ja, egal, denke ich, jetzt kann ich sie auch ganz runtertragen, sonst kommen sie womöglich noch weg, und die Lebensmittelpreise sind doch eh schon so gestiegen. Im ersten Stock finde ich Frau Müller, sie ist schwer gestürzt, Bein gebrochen oder so, sie lebt aber noch, und die Frau aus dem Zweiten hockt bei ihr und hält ihr die Hand und hat auch schon den Krankenwagen gerufen, und dann spricht sie mich an, ich solle doch was tun, junger Mann, und nicht so unnütz mit den Tüten herumstehen, sagt sie, ja ja, Marien-Tusnelda, denke ich, Marien-Tusnelda nenne ich die Frau aus dem Zweiten immer, weil sie anhand einer blöden Marienfigur auf dem Fensterbrett im Treppenhaus kontrolliert, ob ich auch immer die Flurwoche einhalte, und dann klingelt sie und wirft mir vor, ich hätte diese Woche nicht geputzt, junger Mann, sie habe das kontrolliert und die Marienfigur sich keinen Millimeter bewegt, sagt sie dann immer, und manchmal mache ich mir den Spaß und putze gar nicht, bewege aber die Marienfigur um einige Millimeter nach links oder meinetwegen nach rechts, so genau habe ich mir das jetzt auch nicht gemerkt, ist ja aber auch egal, geht ja ums Prinzip, und dann beobachte ich die Marien-Tusnelda heimlich, wie sie mit dem Maßband nachmisst und ganz verwirrt ist, weil die Figur bewegt wurde, aber trotzdem noch Staub und Dreck herumliegt, sie traut sich dann aber auch nicht mehr zu klingeln, weil ihre Stasi-Methode ja kaum noch ein stichhaltiges Argument wäre, die blöde Kuh.

Auf jeden Fall sagt die Marien-Tusnelda, ich solle die Tüten loslassen und etwas tun, aber es gibt nichts zu tun, außer auf den Notarzt zu warten, also lasse ich die Tüten nicht los, die sind ganz schön schwer und ich müsste sie dann ohnehin irgendwann unnötigerweise wieder aufheben. Und dann kommt der Krankenwagen und Frau Müller kriegt eine Infusion gegen den Schock und eine andere gegen die Schmerzen und die Sanis sagen, dass alles wieder gut werde und ich sage, ja, genau, und die Marien-Tusnelda sagt, dass ihre Schwägerin keine zwei Wochen nach einem ähnlichen Unfall tot war und da hätten die Sanis auch gesagt, dass alles gut werde, aber das hört Frau Müller zum Glück nicht mehr, weil sie da schon im Krankenwagen liegt. Der Sani fragt, ach ja, ob sie jemand aus unserem Haus begleite, Familie wäre grad nicht da, doch die Marien-Tusnelda bedauert zutiefst, sie habe einen Kuchen im Backofen, sie könne leider nicht weg, und dann gucken die Sanis mich an, und ich muss an Frau Dreiermann denken und daran, dass ich sie auch mal im Krankenhaus besuchte und danach durfte ich mir für fünf Mark im Kiosk was aussuchen, ich kaufte für fünf Mark Ahoi-Brause, mmh, daran muss ich denken und ich sage, na gut, warum nicht und steige in den Krankenwagen.

Dort liegt schon Frau Müller, sie ist ziemlich sediert und schaut ganz entrückt und erzählt von ihren Enkeln, die bald zu Besuch kommen, und ich freue mich, dass es ihr besser geht. Sani fragt, was es mit den beiden Tüten auf sich habe, und ich denke, verdammt, das kann doch nicht wahr sein, jetzt trage ich die immer noch mit mir herum und im Krankenwagen kann ich sie auch nicht stehenlassen, also behalte ich sie. Dann sind wir am Krankenhaus und Frau Müller wird sofort in den OP-Saal gerollt und man sagt mir, ich könne oben in der Caféteria warten, man werde mich im Anschluss ausrufen.

Ich gehe also in die Caféteria, hole mir aber keinen Kaffee, da ich beide Hände voll habe, und setze mich auf einen freien Stuhl, am Tisch sitzt eine junge Dame, hübsch. Sie stellt sich vor, sagt Hi, sie sei die Svantje und ich so, hm, ob es sein könne, dass wir uns bereits mal begegnet seien, sie komme mir total bekannt vor, und sie sagt, das sei nicht auszuschließen, in diesem oder einem anderen Leben, Parallel-Universen gebe es ja zuhauf, alles sei im Fluss, kein Scheiß, aber ich komme ums Verrecken nicht drauf, woher ich sie kenne, und sie erzählt, dass sie grad ziemlich schwanger sei und einen Heißhunger auf Spreewaldgurken habe, aber jenes hätten die hier nicht und so was schimpfe sich Experten, meine Güte. Kein Problem, sage ich, da könne ich helfen, und hole ein 500-Gramm-Glas Spreewaldgurken aus einer von Frau Müllers Einkaufstüten. Svantje freut sich wie Bolle, und ich auch, weil die Tüten jetzt leichter werden, und dann höre ich, wie mein Name ausgerufen wird.

Der behandelnde Arzt sagt, es werde alles gut, aber ihre Familie sei jetzt da, ich solle doch morgen wiederkommen. Gut, sage ich, aber was denn mit den Tüten sei, ob er sie nicht für sie aufheben könne, aber er wehrt ab, um Gottes willen, sagt er, hinterher komme etwas weg und er sei schuld. Ich zucke mit den Achseln und verlasse das Krankenhaus, auf dem Weg nach draußen höre ich, wie hinter mir ein Tumult entsteht, und plötzlich versperrt mir der Sicherheitsdienst den Ausgang und ein hysterisches Mädchen zeigt auf mich und die Tüten und schreit, dass das ja wohl die Tüten von der Oma seien, sie passten exakt auf die Beschreibung, und ich so, klasse, bitteschön, und reiche ihr die Tüten, und sie so, nö, das wäre ja noch schöner, die könne ich schön selber der Oma ans Bett hochtragen, wo kämen wir denn da hin.

Ich also per Treppenhaus die neun Stockwerke hoch, Fahrstuhl ging nicht, da lag die Marien-Tusnelda auf der Trage, umgeben von Sanis, hatte sich wohl beide Hände am Backofen verbrannt. Im sechsten Stockwerk mache ich die dritte Pause, scheißeschwer, die Tüten, und die Enkelin der Frau Müller fragt, ob ich nicht die Tüten mit den Händen stützen könne, die Tragegriffe rissen doch bald, ob ich das denn nicht sehe. Wie denn, frage ich, ohne weitere Hände. Sie guckt, blinzelt kurz, guckt weg und will dann wissen, ob wir jetzt reden oder Treppen steigen wollten.

Frau Müller aus dem Dritten, diesmal allerdings im Neunten auf Zimmer 905, freut sich 15 Minuten später, ihre Tüten zu sehen, und kneift mir in die Wange, bedauert bloß, dass sie offensichtlich vergessen habe, Spreewaldgurken zu kaufen, die esse sie doch so gerne. Junger Mann, fährt sie fort, ob ich ihr nicht beim nächsten Besuch welche mitbringen könne, statt Blumen, fragt sie und hier, hier hätte ich fünf Euro, zum Dank könne ich mir dafür was am Kiosk kaufen. Und auch wenn sämtliche gute Erziehung in mir schreit, dass Helfen doch selbstverständlich ist und man Geld doch zumindest nicht ohne Protest annimmt, und außerdem, bei der Dreiermann hatte ich es doch einst für die Hälfte, für fünf Mark, getan, denke ich, egal, denke ich und stecke die fünf Euro ein und gehe runter zum Kiosk. Denn damals, als ich der Frau Dreiermann half, kostete eine Packung Ahoi-Brause noch 50 Pfennig, heutzutage schon 60 Cent. Die Lebensmittelpreise, die Lebensmittelpreise. Frau Müller wird das verstehen. Ahoi-Brause ist ja so ein bisschen die Spreewaldgurke meiner Generation.

Ein Bauchnabel von Welt

Mein Bauchnabel ist ganz schön groß. Das sagt auch Lisa, meine Festivalbekanntschaft, die neben mir im Zelt liegt. Du liebe Zeit, ist dein Bauchnabel groß, sagt sie, und macht große Augen. Ich beuge mich vor und begutachte ihn. Und sie hat recht. Er ist wirklich abstrus groß.

Wahnsinn, sage ich und nehme erstmals meinen Bauchnabel bewusst wahr. Er ist so groß, dass da ständig irgendwelche Fussel drin hängenbleiben, obwohl ich zwei Mal täglich dusche. So groß, dass ich vor jedem Diskobesuch Waffen in ihm verstecken könnte und die Türsteher fänden nichts. Er ist so groß, dass die Nabelschnur nach meiner Geburt viele Jahre als Öl-Pipeline in Saudi-Arabien eingesetzt wurde. Er ist so groß, dass einmal, in einem Alptraum, eine Rettungsexpedition des Roten Kreuzes, die den vermissten Gitarristen der Manic Street Preachers suchte, in seinen Tiefen verschwand und nie wieder auftauchte. Er ist so groß, dass der Grand Canyon zwei Jahre aufgrund von Minderwertigkeitskomplexen in Therapie war. So groß, dass, wollte Frau aus ihm Sekt trinken, sie nach kurzer Zeit stockbesoffen neben mir einschlafen würde, und dann immer noch genug Alkohol in meinem Bauchnabel wäre, um mir den Abend schönzutrinken.

Er ist wirklich groß, sagt Lisa stirnrunzelnd und fängt an, in ihm herumzupulen. Kurz darauf wird sie fündig.

»Schau her, ein Fussel«, sagt sie und hält ihn hoch, mir ist es ein bisschen peinlich. »Krass«, sagt sie und pult weiter, »mal schauen, was ich noch so alles finde.«

Na ja, denke ich, immer noch besser, als wenn sie in meinem Portemonnaie oder Handy rumschnüffeln würde, was soll sie schon großartig in meinem Bauchnabel finden, denke ich nonchalant, und im selben Augenblick hält sie mir ein längst vergessenes Fünf-Mark-Stück unter die Augen.

Ob ich es haben wolle, man könnte es ja noch irgendwie umtauschen, fragt sie.

»Lass mal«, sage ich und wundere mich über meinen Bauchnabel, »zu viel Aufwand.«

Lisa behält es achselzuckend und pult hochmotiviert weiter. Ich schließe die Augen und lasse sie machen.

»Hast du nicht erzählt, du hättest mit dem Rauchen aufgehört?«, fragt sie plötzlich. Ich schaue auf, sie hält eine halbvolle Packung roter Gauloises hoch.

»Hab ich auch, das sind überhaupt nicht meine«, stammle ich, »was weiß ich, wie die da reingekommen sind, die gehör'n mir nicht, ehrlich!«

Lisa guckt mich skeptisch an, sie glaubt mir nicht so wirklich. Ihre Hand verschwindet wieder. Jetzt ist ihr Jagdinstinkt geweckt.

Langsam werde ich nervös und frage mich, ob es nicht doch besser gewesen wäre, sie mein Portemonnaie durchsuchen zu lassen, aber mir bleibt nichts anderes übrig, als in den sauren Apfel zu beißen, denn sie wühlt immer noch in den Tiefen meines Bauchnabels und holt zu meinem Leidwesen einen roten BH mit Punkten heraus. Ich erkenne ihn sofort wieder. Ich habe ihn nie vergessen.

»Wem gehört der?«, fragt Lisa.

»Sylvia«, sage ich.

»Wer ist Sylvia?«, fragt Lisa.

»Ach, wir hatten mal eine Nacht miteinander«, erkläre ich beschwichtigend, »sie hat sich danach nie wieder gemeldet.«

Während Lisa, ein wenig pikiert, immer weiter in meinem Bauchnabel bohrt, schweifen meine Gedanken zu Sylvia. Sylvia!, denke ich, warum hast du nie angerufen, ich hätte dich so gern wiedergesehen. Aber sie, sie war am nächsten Morgen einfach weg, noch nicht mal eine Nachricht hatte sie hinterlassen.

»Guck mal«, sagt Lisa und hält ein Pappschild hoch, auf das jemand mit groben Buchstaben S. O. S. geschrieben hat. »Was ist das denn?«

»Keine Ahnung«, antworte ich perplex.

Sehr bizarr. Was ist da eigentlich los in meinem Bauchnabel?

Plötzlich zucke ich zusammen, ein Enterhaken hat sich sehr schmerzhaft in den Rand meines Nabels gebohrt, ich versuche ihn loszumachen, aber etwas zieht ihn immer weiter in meine Haut. Jetzt wird's langsam albern, denke ich, aber bevor ich den Gedanken fortführen kann, schaut ein Kopf aus meinem Bauchnabel heraus.

»Wer! Ist! Das?«, fragt Lisa und verschränkt die Arme.

»Das, das ist Sylvia«, sage ich und blicke ungläubig auf eine ziemlich verlottert aussehende junge Dame, die sich Staub aus dem Gesicht wischt. Ich reiche ihr meine Hand und ziehe sie heraus. Sie sinkt erschöpft neben mir zu Boden und atmet schwer.

»Endlich«, sagt sie, »gerettet!«

»Was hat die da gemacht?«, fragt Lisa und verschränkt ihre Arme noch mehr.

»Sylvia«, sage ich, »warum hast du dich nie gemeldet, die Nacht war so wunderschön, ich wollte dich unbedingt wiedersehen …«

Sie habe es probiert, aber sie habe da

unten einfach keinen Empfang gehabt, sagt sie und beißt gierig in einen Schokoriegel, der aus Lisas Rucksack schaute. Lecker, seufzt sie, die ganze Zeit habe sie sich nur von Krümeln ernährt, die mir beim Fernsehgucken in den Bauchnabel gefallen seien. Man sieht es, sie ist sehr abgemagert. Ich reiche ihr schnell noch eine Bockwurst.

»Hallo?«, ringt Lisa um Aufmerksamkeit.

»Aber wie bist du denn da überhaupt reingeraten?«, frage ich Sylvia.

Nachdem ich eingeschlafen war, erzählt Sylvia mit vollem Mund, eine weitere Bockwurst verschlingend, sei ich irgendwann auf sie draufgerollt. Sie habe versucht, sich zu befreien, ich sei aber zu schwer gewesen und irgendwann sei sie einfach dem Licht gefolgt. Welches Licht, frage ich. Das Licht aus dem Bauchnabel, erzählt Sylvia, ein Licht, das sich als eine Rettungsexpedition des Roten Kreuzes herausstellte, die aber anscheinend von einem Sektgelage so stockbesoffen war, dass sie ihr nicht helfen konnten.

»Hallo!«, ruft Lisa lauter.

»Und ich dachte, ich sehe dich nie wieder«, sage ich erleichtert und greife nach ihrer Hand. »Schön, dass du wieder da bist.«

»Ja«, sagt Sylvia, und nach kurzer Unentschlossenheit legt sie die Bockwurst weg und nimmt mich in den Arm. »Ich wäre damals wirklich gern zum Frühstück geblieben.«

»Ich gehe dann mal«, sagt Lisa und verlässt das Zelt. Wir hören sie, unterbewusst, aber Sylvia und ich, wir haben nur Augen füreinander. Sie habe mich nie vergessen, sagt sie. Hier bin ich, erwidere ich, und dann lächeln wir und sind glücklich.

Und meinen Blinddarm hat sie auch gleich mitgebracht.

Die Schönheit der Dinge

Ich bin ohne Fernseher aufgewachsen. Nicht, dass meine Eltern prinzipiell etwas dagegen gehabt hätten, im Gegenteil – mein Vater war ein großer Fan des Fernsehens und verbringt bis heute gern Zeit vor dem TV-Gerät. Aber genau das war in seinen Augen das Problem. Sein Vater war Seemann und selten zu Hause gewesen. Für meinen Vater war unser Großvater Zeit seines Lebens ein Fremder. Und er wollte nicht, dass meinen Bruder und mich das gleiche Schicksal ereilte, und da er oft Überstunden machen musste, wollte er seine knappe Freizeit statt vor dem Fernseher mit uns Kindern verbringen.

Wir unternahmen viel gemeinsam, man hätte sich kaum eine bessere Kindheit wünschen können. Keine fünfhundert Meter von unserem Haus entfernt, den Berg hinauf, begann der Teutoburger Wald, und dort gingen wir oft spazieren. Wir durchstreiften den Wald, selten auf dem vorgegebenen Pfad, mein Vater nahm uns an die Hand und wir entdeckten neue Wege. Einmal, wir waren ziemlich weit vorgedrungen, stießen wir auf zwei gigantische Kuhlen. Es waren natürlich Bombenkrater aus dem Zweiten Weltkrieg, aber unser Vater machte uns weis, dass wir es hier mit alten, ehrwürdigen Dinosaurier-Gräbern zu tun hätten, und wenn man ganz vorsichtig und vor allem leise durch den Wald laufe, könne man mit ein bisschen Glück die letzten Überlebenden der einst großen Dinosaurier-Herden erblicken. Die Augen meines Bruders und meine eigenen leuchteten, und wir waren fortan Dinosaurier-Späher, sogar hochoffiziell, Vater bastelte uns Ausweise. Wir konnten nie erwarten, dass endlich Wochenende war und wir mit unserem Vater in den Teutoburger Wald konnten, um Dinosaurier zu suchen. Und irgendwann fanden wir sie, auf einer Lichtung, versteckt vor den Blicken der Stadt. Im Sonnenuntergang saßen wir am Rande der Weide, aßen mitgebrachte Schnittchen und beobachteten die grasende Herde. Es waren die schönsten Tage meiner Kindheit, und weißt du was, Papa? Ich kann die Dinosaurier noch immer sehen.

Irgendwann, meine Eltern sahen die Notwendigkeit ein, bekamen wir dann doch einen Fernseher. Und wir liebten ihn. Mein Vater, ein großer Filmkenner, wies uns in die großen Klassiker der Filmgeschichte ein, Ben Hur, Der Mann, der zu viel wusste, Hatari! Wir arbeiteten uns langsam zur Moderne vor, und eines samstäglichen Videoabends, ich muss neun oder zehn gewesen sein, unsere

Mutter war längst im Bett, holte er einen kleinen Schatz aus der Schublade. Eine VHS-Kassette, geliehen von einem Arbeitskollegen, und auf dem Band: Rambo! Mein Bruder und ich, wir waren glücklich. Endlich, endlich würden wir in der Schule mitreden können! Und Mitredenkönnen, das war mit das Wichtigste, damals. Aufgeregt stellten wir die Wohnzimmersessel nebeneinander, wir spielten Kino, und nachdem der Filmvorführer uns das Versprechen abgeknöpft hatte, unserer Mutter niemals von diesem Abend zu erzählen, drückte er auf den Abspielknopf. Wir schauten Rambo, waren glücklich – und redeten am nächsten Tag wieder nicht mit, weil alle anderen Kinder schon längst bei Rambo III und Bloodsport angelangt waren. Wir hatten ein neues Ziel.

Dennoch, die Zeit ohne Fernsehen möchte ich nicht missen. Ich denke, ich habe meine blühende Vorstellungskraft meinen Eltern zu verdanken. Ohne die Ablenkung durchs Fernsehen verbrachte ich während Kindheit und Adoleszenz viel Zeit in meiner eigenen Gedankenwelt, schuf mir Alter Egos, die an meiner Statt in einer Fantasiewelt Abenteuer erlebten, Abenteuer, die das Fernsehen nie hätte ersetzen können, die aber gleichzeitig auch nicht den Fernseher ersetzen konnten. Natürlich war es nicht immer einfach. Wehmütig lauschte ich den Erzählungen von diesen Filmen und jenen Serien, sog alles, was ich über sie erfahren konnte, auf und schuf daraus neues Material für meine Stunden allein, in Gedanken, unterwegs. Ich lernte, Zeit mit mir selbst zu verbringen. Eine wichtige Lektion.

Eine Lektion, die mir hilft, hier auf meiner Insel, irgendwo hier draußen in der Südsee, glücklich zu sein und nicht verrückt zu werden, so ganz ohne Fernsehen und Radio, ohne Technik und Telefon. Klar, während des Urlaubs schafft es jeder, auf den Fernseher zu verzichten. Aber nach zwei, drei Wochen wird der gemeine Europäer

unruhig und nervös, wie geht es denn nun bei den verzweifelten Hausfrauen und den Tatortermittlern Miamis weiter, Mensch, drei Wochen bei uns, das sind doch drei Monate, wenn nicht Jahre, in Serien! Ich bin überzeugt, ohne Fernsehen würde der eine oder andere zwangsläufig nach kurzer Zeit verrückt. Ich persönlich, ich habe den Fernseher seit dem ersten Tag auf dieser Insel, meinem neuen Zuhause am anderen Ende der Welt, kein bisschen vermisst.

Es ist ein Paradies. Unser Dorf liegt direkt an einem großen breiten Sandstrand, dahinter schon beginnt der Urwald der Insel, was mir ein Stück weit Heimweh erspart, es erinnert mich an mein Ostwestfalen und den Teutoburger Wald. Tag für Tag scheint die Sonne, es ist warm, sehr warm, meistens verbringen wir die Mittagszeit unbekleidet, während die angenehme Brise des Ozeans um unsere Lenden streift. Vom Strand führt ein kleiner Pfad durch den Wald zum Berg in der Mitte der Insel. Auf dessen Spitze, ein bis zwei Tage Fußmarsch vom Strand, lebt der Dorfschamane, der alles heilen kann, von der Schlafstörung bis zum eingewachsenen Zehennagel. Er ist ziemlich unterbeschäftigt. Man lernt auf dieser Insel schnell, dass die meisten Krankheiten gesellschaftlich bedingt sind. In der Sprache dieser Insel gibt es kein Wort für Burnout.

Das Panorama ist gigantisch, meilenweit nur Meer, ein azurblaues Wasser, wie man es von Ansichtskarten kennt. Ab und an erblickt man am Horizont einen Tanker, selten ein Kreuzfahrtschiff. Doch meistens, wie auch in diesem Moment, in dem ich vor meiner selbst gebauten Holzhütte sitze und an früher denke, meistens sind die Fischer unseres Dorfes das Einzige, was das Wellenspiel stört.

Jeden Abend, wenn die Sonne untergegangen ist, treffen wir uns mangels Fernseher am großen Lagerfeuer. Man isst, redet, lacht, schläft miteinander. Es sind tolle, warmherzige, einfache Menschen. In zweiter Reihe, in respektvollem, gebührendem Abstand zu den Männern des Dorfes, sitzen die Frauen und Kinder und hängen mir an den Lippen. Mittendrin, mit stolzgeschwellten Brüsten und einem besitzergreifenden Glanz in den Augen, sitzt dann meine Frau, mit meinem erstgeborenen Sohn auf dem Arm. Sie ist die Tochter des Dorfältesten, er schenkte sie mir zu meiner Ankunft. Und Geschenke von Eingeborenen – das liest man so oft in einschlägiger Reiseliteratur – lehnt man nicht ab. Alle sitzen sie dann um das Lagerfeuer herum und hören mir gebannt zu, wenn ich vom fernen Deutschland erzähle, vom wunderschönen Ostwestfalen, von den Alpen, der Nordsee und von der schönsten Bahnfahrt der Welt, der im IC 2112 zwischen Mainz und Koblenz. Eine Fahrt mit dem IC 2112, das ist das, was sich hier jeder im Dorf wünscht, und ich gebe zu, auch ich denke des Öfteren mit einer Träne im Auge an die große Rheinschleife zurück. Manchmal, wenn wir von der Jagd aus dem nächsten Dorf zurückgekommen sind und gegessen haben, reihen wir hinterher zum Zeitvertreib die Schädel am Strand auf, setzen uns mittenrein und spielen »Überfülltes Abteil im IC 2112 zwischen Mainz und Koblenz«. Oft muss ich in diesen Augenblicken weinen, die Dorfältesten schauen dann betreten zur Seite, denn eigentlich weinen Männer nicht, aber andererseits ist es ihnen auch egal, in unserem Dorf wird niemand aufgrund seiner Mängel verurteilt. In dieser Welt zählt der Mensch als solcher. Hier, in meiner Wahlheimat, ist es nicht schlimm, dass ich mit 27 Jahren schon einen Bauchansatz habe, im Gegenteil, er ist ein Zeichen des Wohlstands und der Gesundheit.

Aber nicht nur deshalb bin ich ein angesehenes Mitglied unserer Dorfgemeinschaft. Mein beschnittener Penis ist der Renner, er wird von allen kultisch verehrt. Und einmal in der Woche opfert man ihm eine Jungfrau. Vor einem Jahr neideten mir zwei junge Burschen den Ruhm, Halbstarke, wie man sie von Bus-Bahnhöfen in europäischen Großstädten kennt. Sie wollten auch so etwas haben und operierten sich gegenseitig. Ich beantragte, sie wegen Blasphemie hinrichten zu lassen, aber sie verbluteten vor Vollstreckung des Urteils. Nichts ist gerechter als das Leben selbst.

Und während ich jetzt hier am Strand sitze, einen Kirsch-Bananen-Saft trinke, einen weiteren, wunderbaren Sonnenuntergang über diesem paradiesischen Eiland bewundere und meine Remineszenzen zu Papier bringe, erinnere ich mich an viele Ereignisse, die es nicht wert sind, explizit in aller Ausführlichkeit notiert zu werden, aber durchaus wertvoll genug, um einen kurzen Moment der Muße an sie zu verschwenden.

Ich erinnere mich an den von meiner Mutter selbst genähten Jeans-Hosenanzug, den ich zur Einschulung trug und der mich zum bestgekleideten Mann des Tages machte. Ich erinnere mich an meinen Wellensittich, der sich selbst für das fünfte menschliche Familienmitglied hielt, sich gnadenlos überschätzte und eines Tages zwischen Tür und Türrahmen feststellen musste, dass er tatsächlich ein Mensch war: ein Gefangener im Körper eines Sittichs und deshalb fatalerweise mit der entsprechenden Knautschzone ausgestattet.

Ich erinnere mich, wie ich die ersten zarten Annäherungsversuche beim anderen Geschlecht in Angriff nahm, indem ich Liebesgedichte aus der BRAVO-Girl abschrieb. Ich erinnere mich an die ersten Körbe und daran, dass der Schmerz nicht nachlässt. Er lässt eigentlich nie nach, nur die Protagonistinnen wechseln. Am Anfang verwechselt man Zuneigung mit Liebe. Später, so lernten ich und andere auf die harte Tour, kann man Zuneigung in dieser Formel durch GV ersetzen, die Gefühle, unterm Strich, sind dieselben.

Ich erinnere mich an die Indianer-Spiele in einem Wäldchen in Münster und an die Mutprobe auf dem Wasserfall. Wir hätten sterben können, damals. Stattdessen gründeten wir eine Band und nannten sie *Waverley Crescent*, nach der Straße in London, in der meine Tante lebte. Wir hatten schöne Songs und zwei Probleme. Einerseits konnte ich nicht singen, wollte aber unbedingt und war demzufolge Hölle neidisch auf unseren Leadsänger Robin, der singen konnte und ärgerlicherweise auch wollte. Andererseits hatten wir weder einen Bassisten noch einen Schlagzeuger. Finde mal ordentliche Mucker in dem Alter. Denn als ich dreizehn war, spielten Kinder nicht in Bands, sondern hatten eine ordentliche Kindheit mit Bäumeklettern und so. Wir lösten uns bald auf.

Ich erinnere mich, wie ich mit sechzehn meine zweite Band gründete, *Die Hartgeldnutten von Strandkorb* 13. Wir machten fiesen Punk mit eigenen Texten. Unser einziger Hit hörte sich verdächtig nach *Save Tonight* von *Eagle-Eye Cherry* an und wir hatten fest vor, ihn zu verklagen, wenn wir erst einmal reich und berühmt waren. Eagle-Eye Cherry ist bis heute auf freiem Fuß.

Ich erinnere mich, wie ich, vom Musikbiz desillusioniert, meine erste Kurzgeschichte schrieb, sie hatte den Titel *Rasierwasser* und als Pointe einen elektrischen Föhn, der in eine mit meiner quasselnden fiktiven Freundin gefüllte Badewanne fällt. Ich hatte den Gag frech aus einem Video der Fantastischen Vier geklaut, aber wen juckte das? Am allerwenigsten Reimer, den Bassisten von *Kettcar*, der die Geschichte mochte und sie auf ihre Bandhomepage stellte. Dort blieb mein Text, bis *Kettcar* weltberühmt wurden und neue Mechanismen griffen.

Ich erinnere mich an drei begonnene Romane und keinen zu Ende gebrachten. Stattdessen schrieb ich immer mehr Kurzgeschichten und trat mit ihnen auf, wie einmal in Wuppertal, vor Theologie-Studenten, die die Texte lieber diskutieren als hören wollten. 2001 dann, das Desinteresse des echten, hochkulturellen Literaturbetriebes hatte mich zermürbt, nahm ich eine Auszeit, vom Schreiben, vom Leben, überhaupt. Ich war ausgebrannt, leer, der 11. September hatte auch in mir etwas kaputtgemacht. Ich trieb rast- und ziellos durch mein Leben, lernte Menschen kennen, dann lieben, dann hassen, und blieb viel zu lang.

Ich erinnere mich, wie ich nach einer unglücklichen Liebesbeziehung mein Hab und Gut und sie verbrannte und im Hamburger Hafen auf einem Frachter anheuerte. Man stellte keine Fragen, ich hatte erst recht keine, und bald umrundete ich die Welt. Ich sah Feuerland, Ceylon, Mumbai und die Azoren, ich sah Wale, Pinguine, Seeleoparden und einen Eisbären. Er schmeckte nach nichts, vielleicht lag es auch am Fieber.

Ich erinnere mich, wie ich mit den Matrosen auf einem kleinen Schwarzweißfernseher Fußball guckte und dabei erleben musste, wie Deutschland sang- und klanglos in Portugal ausschied, und ich erinnere mich, dass ich in jenem Augenblick meine Identität fand. Ich fand sie, endlich, nach all den Jahren und fern der Heimat, am anderen Ende der Welt, von Deutschland getrennt durch unzählige Kilometer. In jenem Augenblick wusste ich endlich, wer ich war. Aber konnte ich zurück? Nein, mir war klar, die Zeit war noch nicht reif für eine Rückkehr. Ich beschloss, alles hinter mir zu lassen und von Bord zu gehen.

Seit diesem Tage lebe ich auf dieser Insel, in diesem Dorf. Und ich war in meinem ganzen Leben noch nie so glücklich wie hier. Ich habe mir nie wieder die Brust rasiert. Der Philosoph David Hume sagte einmal, die Schönheit der Dinge lebe in der Seele dessen, der sie betrachtet. Ich bin mir sicher, er hat recht. Es sind die kleinen Dinge, die mir Freude machen, die kleinen Dinge, wie jene Erinnerungen, die ich wie einen Schatz hege, oder der Sonnenuntergang, der jede bildbearbeitete Fototapete erblassen lässt, oder der Kirsch-Bananen-Saft in meiner Hand, oder der nahende 14. Geburtstag meiner Frau. Ich freue mich, denn: In zwei Jahren kann ich ihr endlich Deutschland zeigen, meine wunderschöne Heimat, an die ich so gern und oft zurückdenke.

Als ich mal Gott war

Die Sonne geht auf und ich beschließe, eine Stadt zu erschaffen. Einfach so, weil ich's kann. Und so erschaffe ich den Grundriss meiner Stadt und erbaue auf ihm Straßen und neben diesen Häuser und davor Gärten und dahinter Wolkenkratzer, ich erschaffe ein Meer und mit ihm den Hafen, daneben die Polizeistation und nah dran die Feuerwehr nebst Krankenhaus, und durch alles zieht sich das Schienennetz mit Zügen, und darüber noch mehr Straßen und auf ihnen Busse und Autos und dazwischen Bäume, und in der siebten Minute erschaffe ich die Menschlein und ich sehe, dass es gut ist. Ich schalte das Licht ein und die Stadt beginnt zu leben.

Und die Menschlein bevölkern meine Stadt und stehen auf und frühstücken und gehen zur Arbeit und zur Schule und zum Hafen, sie haben Geschlechtsverkehr und Kinder und Grippe und gehen über Rot und werden überfahren und dann kommt die Feuerwehr und die Polizei, Trubel ohne Ende, alles ist schön bunt und andauernd ist so viel los in meiner Stadt, dass es eine Pracht ist.

Aber plötzlich merke ich, dass etwas fehlt, und so erschaffe ich die gute Laune und den Spaß. Ich baue Schwimmbecken voller Herbstlaub an jede Straßenecke, damit man jederzeit durch Laub hüpfen kann, in den Elektronikfachmärkten werden Muscheln statt MP3-Playern verkauft, Meeresrauschen ist die Nummer eins der Charts, statt einer Sonne hänge ich einen Fernseher an den Himmel, ist ja fast genauso hell und die Menschlein verbringen mehr Zeit an der frischen Luft, und dann hänge ich noch überall Plakate auf mit dem Slogan »Ich steh auf dich. Gott«, ich will ja, dass es meinen kleinen Menschlein gut geht und sie sich am Leben erfreuen, ich schaue ihnen doch so gern zu, wie sie lustig durch die Straßen wuseln.

Aber irgendwann wird mir langweilig vom Zuschauen, ich will mitmachen, ich will selber mal mit einem Kipplader durch die von mir erschaffenen Straßen und über rote Ampeln brettern, ich möchte nicht immer nur alles von oben sehen, ich will mal alles von unten sehen, ich möchte eines der lustigen kleinen Menschlein sein, aber es geht nicht, merke ich, es geht nicht, ich krieg mich nicht kleiner, und wenn ich wie Godzilla durch die Stadt stampfe, kriegen alle Angst, das will ich nicht, ich mag die Menschlein, also erschaffe ich mein Alter Ego, den Herrn Steigenberger, er ist Ingenieur und lustig und ziemlich schlau, und ab jetzt rennt Herr Steigenberger für mich durch die Stadt, der Kleine, von A nach B und wieder zurück, aber irgendwie ist es noch immer wie Zuschauen, und nur zuschauen reicht mir nicht, ich will spielen, also spiele ich mit der Stadt und drehe sie horizontal um 180 Grad, einfach so, weil ich's kann, und zunächst sind alle Menschlein verwirrt und denken, hö, aber dann zucken sie mit den Schultern, als wäre nichts gewesen, und gewöhnen sich an die neue Perspektive, und ich spiele weiter und lasse ein Piratenschiff zwischen den Häusern hindurchgleiten, einfach so, weil ich's kann, und mit ihren Enterhaken entern die Piraten die Wohnungen und überbringen den Frauen Rosensträuße, von mir, und auf den Kärtchen lesen sie: »Ich steh auf dich. Gott«. Und die Frauen drehen durch vor Freude, und ihre Männer kriegen Muffensausen und sind eifersüchtig und bemühen sich wieder ein bisschen mehr um ihre Frauen, und ich sehe, dass es gut ist. Aber auch ein bisschen langweilig, ich will mal frech sein, also beschließe ich, dass Herr Steigenberger heute sterben muss, einfach so, weil ich's kann, und lasse ihn aus dem sechsten Stock fallen, doch dann fällt mir ein, dass er der Einzige war, der das Zentrifugendingsbums im Forschungszentrum bedienen konnte, also lasse ich ihn wieder auferstehen, da guckt er doof, der Herr Steigenberger, aber noch doofer guckt seine Familie, als er nach Hause kommt und in die Party anlässlich seines Ablebens platzt, und sie streiten sich, dass es eine Wonne ist, und ich lasse sie weiterstreiten, einfach so, weil ich's kann, ich habe gute Laune, ich lehne mich zurück und genieße meine Stadt und meine lustigen kleinen Menschlein.

Und dann geht die Sonne langsam unter und alle treffen sich auf dem großen Platz, um mich anzubeten, und ich sehe, dass es gut ist, aber dann sehe ich, dass es nicht gut ist, denn der kleine Martin guckt gelangweilt aus der Wäsche und der große Georg hört heimlich Meeresrauschen aus seiner Muschel und ganz viele andere Menschlein machen ganz viele andere Sachen, in Gedanken, nur nicht beten, und ich grolle und wettere und sage: »Euch geht's wohl zu gut, was, ihr Maden?« und ich beschließe, dass mehr Krieg sein soll und weniger Frieden, denn wenn's zu friedlich ist, will keiner mehr beten, und überhaupt, beten, bei mir gibt's keine Gebetsteppiche, sondern Gebetsnagelbretter, Glauben muss man nämlich spüren, das Leben ist keine Waldorfschule. Also lasse ich es blitzen und donnern und regnen und stürmen, ich lasse es krachen und rummsen und wummsen und knallen, ich nehme Godzilla-Gestalt an, stampfe durch die Straßen und reiße ein Hochhaus in zwei Hälften und langsam findet's Herr Steigenberger, der gerade schlief, nicht mehr lustig, er organisiert eine Revolution gegen mich und nagelt seine

Thesen an die Türen des Tempels, und in einer Nacht- und Nebelaktion sprayen unbekannte Vandalen unter meine »Ich steh auf dich. Gott«-Plakate den Spruch »Geh runter, Dude, du bist zu schwer«. Ja, ja, denke ich, jetzt auch noch sarkastisch werden, euch werd ich's zeigen, aber dann, dann werde ich plötzlich traurig, weil mich alle meine Menschlein hassen, ich will aber, dass mich alle lieb haben, also baue ich die Stadt Stein für Stein wieder auf, erschaffe sie schöner, bunter, hundertwasser als je zuvor, einfach so, weil ich's kann, und streichle jedem Mensch- lein über seinen Knopf auf dem Kopf, und bald sind alle wieder glücklich und feiern eine große Party und ich bin eingeladen, schön.

Und dann geht die Tür auf und meine Mutter kommt rein und sagt: »Mischa, räum das Lego weg, Abendessen ist fertig und danach geht's ins Bett«, und ich so, noch fünf Minuten, und sie so, nein, und ich, ach menno, und denke: »Na gut, dann spiele ich eben morgen weiter!« und schalte das Licht aus.

Die WeightWatchers-Tüte und ich, wir werden keine Freunde mehr

Einmal in der Woche steigt dieses Gefühl in mir auf, dieses Gefühl von Angst und Furcht, mein Magen zieht sich zusammen und ich bekomme Schweißhände, meine Adrenalinhemmer helfen nicht mehr und ich zittere am ganzen Körper. Einmal in der Woche fühl ich mich gar nicht wohl. Denn dann muss ich die Ebay-Sachen meiner Mitbewohnerin zur Post bringen. Meine Mitbewohnerin versteigert viel bei Ebay. Sehr viel. Sehr verdammt viel. Ich glaube, meiner Mitbewohnerin gehört Ebay mittlerweile. Andererseits hätte sie es dann auch schon längst wieder versteigert. Vermutlich ist ihr sogar schon die Steuerfahndung auf den Fersen und wir werden irgendwann mitten in der Nacht unsanft von der GSG 9 aus unseren Träumen gerissen.

Meine Mitbewohnerin versteigert alles, was nicht niet- und nagelfest ist und bis drei von mir versteckt wurde. Sie versteigert so viel, dass ich manchmal denke, ich komme heute Abend nach Hause und wir haben keinen Haushalt mehr.

Manchmal fürchte ich, nach Hause zu kommen und sie sagt: »Du, ich hatte was Leckeres gekocht, aber tut mir leid, ich hab's an Graf_Zahl1985 aus Bonn versteigert.« Oder ich komme nach Hause und sie sagt: »Du, ich hab dein Bett versteigert. Aber die Päckchen sind einigermaßen weich, nimm doch die.« Ja, ich fürchte, irgendwann nach Hause zu kommen, und meine Mitbewohnerin erwartet mich bereits an der Haustür und sagt: »Du, ich habe unsere Wohnung versteigert. Kannst du sie bitte zur Post bringen?« Ja, meine Mitbewohnerin versteigert sehr viel. So viel, dass ich ab und an zur Sicherheit bei unserem Nachbarn vorbeischaue, nur um mal zu gucken, ob er noch da ist.

Aber das ist nicht der Grund, weswegen ich Angst und Schweißhände und einen Tremor bekomme, einmal in der Woche. Sie kann ruhig alles versteigern, was sind schon irdische Besitztümer. Was mir Angst macht ist die Tatsache, dass ich die Sachen zur Post bringen muss. Denn die einzige Tüte in unserer Wohnung, die die vielen Ebay-Päckchen meiner Mitbewohnerin fasst und die sie seltsamerweise noch nicht mitversteigert hat, ist eine riesengroße Tüte von WeightWatchers. Mit einem riesengroßen WeightWatchers-Logo drauf.

Ich komme mir ziemlich doof vor, mit einer riesengroßen Tüte von WeightWatchers durch die Stadt zu laufen. Das hat aber nichts mit WeightWatchers an sich zu tun. Ich habe nichts gegen die Leute von WeightWatchers, ich weiß ja nicht mal wo richtig was das ist, dieses Weight-Watchers. Habe mal gehört, das soll so Scientology mit Essen sein. Also mit ohne Essen. Dafür mit Punkten. Punkte finde ich sympathisch. Die kenne ich aus der Bundesliga. Trotzdem ist es mir unangenehm, mit einer WeightWatchers-Tüte herumzulaufen. Ein richtiger Mann macht so etwas nicht. Ich sagte das auch mal meiner Mit-bewohnerin. Ich sagte, du, sagte ich, ein richtiger Mann läuft nicht mit einer WeightWatchers-Tüte durch die Stadt. Sie sagte, stimmt, sagte sie, und drückte mir die prall gefüllte Tüte in die Hand.

Ich meine, vielleicht bilde ich es mir ja auch nur ein und die Leute belächeln irgendetwas hinter mir auf dem men-schenleeren Platz. Vielleicht grinsen sie ja auch gar nicht mich an, und vielleicht zeigen sie auch gar nicht auf die WeightWatchers-Tüte. Trotzdem komme ich mir doof vor. Die Leute, davon bin ich überzeugt, finden das näm-lich witzig, den Jungen mit den Locken und der Weight-Watchers-Tüte. Das ist wie damals mit den Warzen auf den Nasenflügeln. Da haben auch alle gelacht. Obwohl sie so symmetrisch waren. Wusste keiner zu würdigen. Ge-lacht haben sie. Aber das mit der WeightWatchers-Tüte weiß auch keiner zu würdigen, obwohl sie so groß ist und unsere Wohnung vermutlich drin liegt. Die gucken alle nur doof. Und lächeln. »Guck mal«, sagen sie, »der dicke Junge macht ne Diät.« Oder sie denken womöglich, ich sei magersüchtig. Oder bulimisch. Oder versuche endlich meine Essstörung in den Griff zu bekommen. Das wäre mir unangenehm, wenn das einer dächte. Man möchte schließlich nicht mit Victoria Beckham unter einer Decke stecken. Oder Nicole Richie. Wer da schon alles dran war.

Und irgendwann, bin ich mir sicher, wird sich eine sehr, sehr, sehr dicke Frau wütend auf mich stürzen, wegen der WeightWatchers-Tüte. Sie wird sich auf mich stürzen und schreien, schreien wird sie, ob ich denn wisse, wie sie sich fühle, wenn sie sehe, wie solch ein spindeldürrer Typ in Röhrenjeans eine Diät mache, verarscht fühle sie sich. Wenn ich ernsthaft glaube, ich sei dick, sei das eine Beleidigung für alle dicken Menschen. Und dann schlägt sie mich mit der WeightWatchers-Tüte, als ich gerade den versteigerten Diercke-Weltatlas zur Post bringen will.

Ja. Einmal in der Woche steigt dieses Gefühl von Angst und Furcht auf, mein Magen zieht sich zusammen. Immer dann, wenn meine Mitbewohnerin Ebay-Päckchen fertigmacht. Aber ich glaube, ich weiß, was dahintersteckt. Hinter dem mit der WeightWatchers-Tüte, meine ich. Nicht hinter dem Versteigern. Da geht's nur ums Geld, glaube ich. Meine Mitbewohnerin versteigert viel und kriegt da viel Geld für. Und sie macht es gut. Sie versteigert getragene T-Shirts für zwanzig Euro. Obwohl sie nur zehn gekostet haben. Oder ein Buch über Kräuterheilkunde. Ging weg an JanisJoplin_07 für dreißig Euro. Meine Mitbewohnerin heißt mit zweitem Vornamen »Gewinnmaximierung«. Außer einmal, da hat sie was für mich versteigert. Eine limitierte Radiohead-CD. Schade, dachte ich, aber ich brauchte Geld. Schade, sagte sie, ist für zwei Euro weggegangen. Ist manchmal so.

Aber was ich eigentlich sagen wollte: Ich weiß, was hinter der Sache mit der WeightWatchers-Tüte steckt. Glaube ich. Das ist die Rache dafür, dass ich ihr letztens einen Arminia-Bielefeld-Schal geschenkt habe. Und gesagt habe, mit Nachdruck, dass ich es toll fänd', wenn sie ihn trägt. Nicht nur im Stadion, meine ich. Auch so mal. Zur Uni. Oder beim Shoppen. Das fände ich schön. Aber sie mag den Schal nicht. Der sei Asi, sagt sie. Aber sie trägt ihn trotzdem. Manchmal. Kurz, bevor sie die Wohnung verlässt, und kurz bevor sie ihn wieder an die Garderobe hängt. Und ich glaube, die WeightWatchers-Tüte ist die Rache dafür. Denn es gibt bestimmt größere Tüten als diese. Aber sie lässt mich nur mit der WeightWatchers-Tüte durch die Stadt laufen. Als Rache für den Schal. Andererseits habe ich den Schal schon lange nicht mehr gesehen.

Ich glaube, den hat sie auch versteigert. Denn letzte Nacht, das Päckchen, auf dem ich geschlafen habe, es war schön weich. Und an der Garderobe hängt er nicht mehr. Es hängt genaugenommen auch keine Garderobe mehr. Alles weg. Alles versteigert. Und jetzt muss ich aufhören zu schreiben, ich bin auf dem Wege zur Post und ich sehe kaum noch was. Ist ganz schön dunkel in der Weight-Watchers-Tüte. Falls jemand das Adressfeld auf meinem Rücken lesen kann, ich würde gern wissen, wer mich er-steigert hat. Danke.

Manowar. Für Wehwalt. Und Sushi.

Mein Text über mein Hörerlebnis der Metal-Band Slayer sei gemein, sagt Wehwalt. Der sei so gemein, der Text. So gemein, sagt Wehwalt. Ausgerechnet Slayer habe ich für meinen Text aussuchen müssen, ein Text darüber, wie man ein richtiger Mann werde, mache man es richtig und höre Slayer, ein gemeiner Text, sagt Wehwalt, ausgerechnet über Slayer, die beste Band der Welt. Wenn ich mich schon über Metal-Bands lustig machen müsse, wenn ich schon einen Text über Mannwerdung, über Testosteron und über böse Musik schreiben wolle, warum habe ich dann nicht Manowar ausgesucht? Die hätten viel besser gepasst, sagt Wehwalt.

Halt, denke ich. Manowar.

Manowar, frage ich, ob das nicht diese Metal-Band sei, die in Fantasy-Ritter-Kostümen wie aus dem Film »Der Herr der Ringe« herumläuft, nein, wie aus einer sauschlechten TV-Verfilmung von »Der Herr der Ringe« auf Sat 1? Die gern

Hot Pants trägt, dazu riesige Gürtelschnallen mit Strass-steinen daran, dazu an den Füßen fellbesetzte Moonboots; die Band also, die schon 1990 so aussah wie Paris Hilton letztes Jahr in Kitzbühel? Manowar? Diese Village People für Hobbits? Die so wirkt wie Flash Gordons nervige Freunde, aber aus den Outtakes entfernt wurde? Dessen Fotos in CIA-Briefings verwendet würden, mit der Bildunterzeile: »Irakischer Widerstand. In etwa.«?

Meint er, Wehwalt, die Band, die man als Metalhead nur heimlich hört, und deren Poster man von der Wand nimmt, wenn Freunde zu Besuch kommen? Die Band, frage ich Wehwalt, deren wahre Fans gern den ganzen Tag so herumlaufen würden wie Manowar, aber einen festen Job und ein intaktes soziales Umfeld dem Idealismus vorziehen? Manowar, ob das nicht die Band sei, deren Manager ihnen die Plastikschwerter nach den Auftritten wegnimmt, weil sie sich sonst noch weh tun könnten? Die im Norden Kasachstans ganz große Helden sind, weil sie oft mit der örtlichen Fastnachtstruppe verwechselt werden? Ist das nicht die Band, die bei allen Castings für Fastnachtssendungen in den Dritten durchfällt, weil selbst öffentlich-rechtliche Jecken Ansprüche haben?

Wehwalt, sage ich und frage, ob er mit Manowar die Band meint, bei der man auf Konzerten immer das Gefühl hat, dass sie sich jeden Augenblick gegenseitig ergriffen in die Arme nehmen und das Kalumet auspacken und »Mein Bruder« hauchen könnten? Sind das nicht diejenigen, die gern Stofftierhamster in Kirschsaft tauchen und dann köpften, damit sie endlich jemand ernst nimmt, es aber lassen, weil ihre Lebensgefährtinnen die Kinder zum Konzert mitbringen? Die Band, deren Kinder in der Schule von den Kindern von Truckstop gehänselt würden, weil Manowar solche Scheißkostüme tragen? Manowar, ob das nicht das VfL Wolfsburg des Metals sei? Das Aggro Berlin des Metals? Die Barbiefiguren des Metals? Die California Dream Men des Metals? Der Coitus Interruptus des Metals? Das, was Metal gern verschweigen würde? Was Testosteron nicht meinte, als es sein Geschäftskonzept vorstellte? Wofür sich Testosteron schämt, wenn es Manowar-Plattencover sieht?

Manowar, das Dreiwettertaft der Metal-Bands: »Musik scheiße – Frisur hält«. Manowar, die Band, die unglaublich erfolgreich in Japan ist. Wehwalt, sage ich, und frage ihn, ob er mit Manowar diese Band meint, die ich mit sechs Jahren geliebt habe, als ich noch großer Fan von He-Man, Skeletor und den restlichen Masters of the Universe war? Die Band, die im Kindergarten jeden Tag von Slayer verprügelt wurde? Die Band, die auch heute noch von Slayer verprügelt wird? Manowar, diese Fantasymetalnarren, die

197

gern Satanisten wären, wenn sie bloß ein bisschen Arsch in der Leggings und Satan nicht ihre Mitgliedsanträge aus Imagegründen abgelehnt hätte?

Ob er wohl diese Band meint, frage ich Wehwalt.

Jau, sagt Wehwalt, genau die meint er.

Stimmt, denke ich. Manowar hätte wirklich besser gepasst. Aber leider zu spät. Schade, denke ich, schade, dass dieser Text nie geschrieben wird.

Inhalt

Matthias Sachau

Kaltduscher

Ein Männer-WG-Roman
Originalausgabe

ISBN 978-3-548-28017-2
www.ullstein-buchverlage.de

Können Männer denken, wenn sie unter sich sind? Und wenn ja, wie lange? Fehlt ihnen außer Sex überhaupt irgendwas? Und was passiert, wenn nicht nur wahnsinnige Vermieter, russische Schläger und alte Stasi-Hausgenossen, sondern auch noch Frauen ihre Kreise stören? Oliver und seine Mitbewohner müssen schwere Prüfungen bestehen, doch am Ende des Tages findet sich immer noch ein Bier in der Küche.

Wer eine Männer-WG betritt, ohne vorher dieses Buch gelesen zu haben, ist selber schuld.

»Geil, wild, lustig, abenteuerlich und romantisch. Ich will zurück in eine Männer-WG.«
Simon Gosejohann

UB558